Os cinco segredos de uma vida plena

Os cinco segredos de uma vida plena

Pessoas experientes e realizadas contam o que é preciso para ser feliz

John Izzo

TRADUÇÃO DE
Ione Ferreira

EQUILÍBRIO

Título original
The five secrets you must discover before you die

Capa
Douglas Lucas

Copidesque
Débora Chaves

Revisão
Taís Facina
Argemiro de Figueiredo

Produção editorial
Paulo Cesar Veiga

CIP-BRASIL. CATALOGAÇÃO-NA-FONTE
SINDICATO NACIONAL DOS EDITORES DE LIVROS, RJ.

I99c Izzo, John, 1957-
Os cinco segredos de uma vida plena / John Izzo ; tradução de Ione Ferreira. - Rio de Janeiro : Agir, 2009.

Tradução de: The five secrets you must discover before you die
ISBN 978-85-220-1063-9

1. Auto-realização (Psicologia). 2. Sucesso. I. Título.

09-2880. CDD: 158.1
CDU: 159.947

Texto estabelecido segundo o Acordo Ortográfico da Língua Portuguesa de 1990, em vigor no Brasil desde 2009.

Uma empresa Ediouro Publicações Ltda.
Rua Nova Jerusalém, 345 — Bonsucesso
Rio de Janeiro — RJ — CEP: 21042-235
Tel.: (21)3882-8200 — Fax: (21)3882-8212/8313
www.ediouro.com.br

Este livro é dedicado a meu avô, Henry Turpel, a quem pertenceu o anel que estou usando e cujo legado levo adiante.

Sumário

Introdução

A introdução de um livro é uma janela que se abre para o leitor sobre o mundo do autor. É também um meio de responder a duas perguntas: "Por que o autor escreveu este livro?" e "O que vou encontrar neste livro?"

Escrevi este livro motivado pelo grande objetivo de minha vida: descobrir o que é viver de forma plena e significativa. Desde menino eu queria saber qual o segredo de viver bem e morrer feliz. As músicas que gostava de ouvir, os filmes a que assistia e os livros que escolhia sempre tratavam da busca do que realmente era importante na vida. Acima de tudo, eu tentava entender o que não podia deixar de fazer antes de morrer.

Aos 8 anos, essa procura tornou-se mais urgente. Com a morte de meu pai aos 36 anos, ficou claro para mim que a vida podia ser curta e que ninguém sabe quanto tempo resta para que possamos descobrir o segredo da felicidade.

Como desde cedo tive o privilégio de acompanhar pessoas em seus últimos dias de vida, descobri que elas morrem de formas muito diferentes. Algumas chegam ao fim da vida profundamente satisfeitas e com poucos arrependimentos, enquanto outras morrem amarguradas ou tristemente resignadas com os sonhos que gostariam de ter realizado. Aos 20 anos, me propus a descobrir o que separava esses dois grupos.

Há muitos anos uma mulher de meia-idade chamada Margareth contou-me que havia tentado viver como se fosse "uma velha senhora sentada numa cadeira de balanço na varanda". Sempre que precisava tomar uma decisão, imaginava-se sentada na varanda como uma pessoa experiente que relembra a própria vida. E era a essa velha senhora que ela pedia conselhos sobre o caminho a seguir. Sem dúvida uma bela imagem.

Uma ideia começou a germinar em minha mente: será que no ocaso da vida descobrimos coisas que nos teriam beneficiado se tivessem sido descobertas mais cedo? Será que se falássemos com pessoas que já tinham vivido a maior parte de sua vida, e nela encontrado felicidade e propósito, aprenderíamos como chegar lá?

Sempre que viajo escolho os hotéis por meio de um site na internet que reúne a experiência de centenas de outros viajantes que já estiveram naquele lugar. Uso as opiniões honestas das pessoas tanto para encontrar verdadeiras joias quanto para evitar hotéis desastrosos. Ocorreu-me que poderíamos aplicar esse mesmo método para descobrir os segredos de viver e morrer feliz.

Parecia uma ideia simples. Bastava identificar as pessoas que haviam encontrado o significado da vida e escutar suas histórias para que o segredo de viver bem viesse à tona. Minha esperança era conhecer pessoas que haviam tido vidas longas, felizes e plenas de sabedoria e entrevistá-las para aprender os seus segredos de vida — aqueles que precisamos descobrir antes de morrer.

Parti do pressuposto que todo mundo conheceria pelo menos uma pessoa que atingiu um nível reconhecido de sabedoria da qual outros poderiam se beneficiar. Comecei pedindo a 15 mil pessoas, no Canadá e nos Estados Unidos, que respondessem às seguintes perguntas: Quem são os idosos que você considera sábios? Quem você acha que tem algo importante a ensinar sobre a vida? Quase mil nomes foram sugeridos. Por meio de entrevistas, selecionei 235. Embora formassem um grupo diversificado em termos de etnia, cultura, religião, geografia e status profissional, quase todos tinham idades variando entre 59 e 105 anos.

Embora muitos tivessem sido bem-sucedidos na vida, minha intenção não era reunir celebridades e sim pessoas extraordinárias de todas as classes e origens: barbeiros, professores, empresários, escritores, donas de casa, padres, poetas, sobreviventes do Holocausto, chefes aborígenes, muçulmanos, hindus, budistas, cristãos, judeus e ateus. A todos pedia que respondessem às seguintes perguntas: "O que precisamos descobrir sobre a vida antes de morrer?", "O que vocês podem ensinar sobre a vida para os que estão próximos do seu final?"

Contei com a ajuda de Oliva McIvor e Leslie Knight para realizar as entrevistas com cada um dos 235 selecionados, que variavam de uma a três horas de duração. Fizemos uma série de perguntas, que podem ser encontradas no capítulo final deste livro, entre elas: "O que lhe trouxe maior felicidade?", "Do que você se arrepende?", "O que era importante para você e o que deixou de ser?", "Quais foram os momentos decisivos que fizeram diferença no decorrer de sua vida?" e "O que desejaria ter aprendido mais cedo?"

No início do livro, explico ao leitor a metodologia que usamos para fazer a seleção e as entrevistas. Na sequência, apresento os cinco segredos que aprendemos com esses 235 sábios e, por fim, mostro como podemos colocar esses segredos em prática em nossa vida, embora uma das lições explique que conhecer os segredos não é suficiente e que o que separa essas pessoas de muitas outras é que elas incorporaram esses segredos às suas vidas. No apêndice, reproduzo o questionário que aplicamos (e que os leitores podem fazer a si mesmo e aos anciãos sábios que conhecerem) e uma lista com as melhores respostas à pergunta: "Se você pudesse dar apenas um conselho aos mais jovens para encontrar uma vida feliz e significativa, qual seria?" Finalmente, há um epílogo sobre como as entrevistas mudaram a minha vida.

Escrever um livro baseado na vida dessas pessoas representou um verdadeiro desafio, pois cada pessoa tem a sua própria oportunidade de aprendizagem. Mesmo assim, com poucas exceções, os cinco segredos foram comuns a todos os entrevistados. Como acredito que apresentar 235 histórias poderia sobrecarregar o leitor, optei por compartilhar as experiências mais representativas. Você perceberá que muitos nomes aparecem diversas vezes, pois suas vidas ajudam a esclarecer cada um dos segredos. Outro detalhe: decidi usar apenas os primeiros nomes.

Este livro é adequado a pessoas em qualquer etapa da vida. Espero que os jovens que estão começando sua jornada considerem fascinante a experiência de vida dessas pessoas, da mesma forma que recorrem à internet para conhecer a experiência dos outros com relação a produtos ou viagens. Quem, como eu, está na meia-idade, quer ter certeza de que descobriu o que é importante antes que seja demasiado tarde, mas mesmo aqueles que se encontram na terceira idade e desejam refletir sobre suas experiências de vida podem descobrir maneiras de passar sua sabedoria à frente.

Apesar da expectativa que nutria sobre o que poderia aprender nas entrevistas, sabia que era essencial manter a mente aberta. Como pesquisador, precisava descobrir mais sobre a vida dessas pessoas para poder identificar que tipo de sabedoria em comum poderia extrair de suas reflexões. No entanto, uma das lições mais profundas que aprendi foi como as coisas ficam claras quando nos aproximamos do fim da vida. Apesar das inúmeras diferenças (idade, religião, cultura, profissão, educação, nível econômico), os segredos da felicidade eram os mesmos. Parece que o que realmente importa transcende os limites de religião, raça e status que julgamos separar as pessoas.

Todos os que conduziram as entrevistas ficaram profundamente tocados pela experiência. Na pausa entre as perguntas e as respostas, nos flagrávamos refletindo sobre a nossa própria vida. O que nos trazia felicidade? O que havia sido realmente importante? Quando chegássemos à velhice, como iríamos responder a essas perguntas? O que desejaríamos ter aprendido mais cedo? Torço para que você tenha a mesma experiência ao ler este livro — que reflita sobre a sua história de vida e descubra o seu caminho para a realização e a sabedoria.

Houve ainda um aspecto pessoal que me motivou a conduzir essas entrevistas. Meu avô era um dos idosos sábios da minha vida. Todos da família diziam que ele havia sido feliz e influenciado a vida de muitas outras pessoas. Meu avô teve três filhas que amava muito, mas lamentava não ter tido um filho. Minha mãe contava que, quando nasci, ele lhe disse: "John é o filho que nunca tive. Vou ensinar a ele os segredos da vida." Não deu tempo. Ele morreu de ataque cardíaco quando eu era menino. Portanto, nunca cheguei a conversar com ele sobre as questões deste livro. Mesmo assim, parecia escutar a sua voz nas respostas das 235 pessoas. Sei que ele deve estar sorrindo onde quer que esteja.

Este livro tem uma premissa simples. Não é preciso envelhecer para se tornar sábio. Os segredos da vida podem ser descobertos em qualquer idade. Quanto mais cedo os descobrirmos, mais nos realizaremos. Um dos idosos sábios que entrevistei sintetizou o valor deste esforço. "Se ao menos uma pessoa puder aproveitar os segredos da felicidade, ainda que por poucos anos, devido ao que você está fazendo, terá valido a pena", afirmou.

Espero que você aproveite esta experiência da mesma forma que eu aproveitei. Minhas conversas com essas pessoas extraordinárias foram gratificantes, emocionantes e profundamente instrutivas — e mudaram minha vida. Espero que possam mudar a sua.

CAPÍTULO 1

Por que algumas pessoas encontram sentido na vida e morrem felizes?

Nove décimos da sabedoria consiste em ser sábio a tempo.

Theodore Roosevelt

A sabedoria vale mais que a riqueza material.

Sófocles

Por que algumas pessoas encontram sentido na vida e morrem felizes? Quais são os segredos para encontrar felicidade e viver com sabedoria? O que é de fato importante para ter uma vida digna? Estas são as perguntas que este livro procura responder.

Para viver com sabedoria é preciso admitir a existência de duas verdades fundamentais. A primeira é que temos um tempo de vida limitado e indefinido, que pode ser 100 anos ou 30 anos. A segunda é que temos um número quase infinito de escolhas sobre como usar esse tempo limitado e indefinido — do que escolhemos como objetivo de vida até onde decidimos colocar nossa energia. Detalhe: essas escolhas definem a nossa vida.

Ninguém nasce com um manual com instruções e o relógio começa a marcar o tempo no momento em que chegamos ao mundo.

Se vivêssemos eternamente, não haveria urgência em descobrir os verdadeiros caminhos da vida feliz e com um propósito, pois era certo que esbarraríamos neles mais cedo ou mais tarde. Este é um luxo que não podemos ter. Qualquer que seja nossa idade, a morte nos ronda. Quando somos jovens, temos a sensação de que ela é uma realidade remota, mas como acompanhei a morte de pessoas de todas as idades, sabia que a morte estava sempre por perto, lembrando-nos de dar prosseguimento à vida.

O poeta Derek Walcott, nascido em Santa Lucia, ganhador de um Prêmio Nobel, chamou o tempo de "mal-amado". Se por um lado o tempo parece levar tudo o que é importante, por outro ele é bom porque é a nossa própria mortalidade que dá o sentido de urgência e propósito à vida. Como o tempo é limitado, precisa ser usado com sabedoria.

Conhecimento *versus* sabedoria

Aproveitar a vida ao máximo exige mais sabedoria do que conhecimento. A sabedoria é diferente e essencialmente mais importante que o conhecimento. Vivemos uma época em que o conhecimento se multiplica a cada seis meses, mas o suprimento de sabedoria é pequeno. O conhecimento é um acúmulo de fatos enquanto a sabedoria é a habilidade de discernir o que tem importância e o que não tem. Sem saber o que realmente importa não é possível encontrar o verdadeiro sentido da vida.

Minha primeira profissão foi a de pastor em uma igreja presbiteriana. Quando estava com 20 anos tive o privilégio de passar um bom tempo com pessoas que estavam à beira da morte. Por meio daquelas experiências descobri que os seres humanos morrem, individualmente, de formas muito diferentes. As pessoas que tiveram uma vida de propósitos firmes morrem com poucos arrependimentos e com a profunda convicção de ter tido uma vida completa. Outras vão embora amargas, lamentando ter deixado para trás o que era realmente importante. Ainda jovem percebi que algumas pessoas encontraram o segredo da vida e outras não.

A morte nunca foi um conceito abstrato para mim. Meu pai morreu aos 36 anos durante um piquenique. Ele se levantou... e se foi. Longe de ter sido perfeita, sua vida terminou naquele momento. Não haveria segunda chance. Com 28 anos de idade realizei dezenas de orações de corpo presente em cemitérios e acompanhei muitas pessoas em seu leito de morte. Considero essa convivência uma dádiva. Talvez essa experiência tenha me levado a buscar os "segredos" de uma vida com propósitos e realizações. Jurei que quando minha hora chegasse não olharia para trás, lamentando as coisas que poderia ter feito e não fiz.

Como minha mulher é enfermeira, ela também vivencia a realidade de nossa mortalidade desde cedo. Leslie já trabalhou na ala cirúrgica, na de câncer infantil e em atendimentos de emergência. Conversamos sobre a morte com regularidade. Tentamos viver conscientes de sua presença. Na verdade, Leslie esteve à beira da morte algumas vezes. Ela nasceu com uma deformidade no coração e passou por várias cirurgias importantes, a primeira quando era recém-nascida. Há três anos tivemos uma experiência que nos lembrou mais uma vez da fragilidade de nossas vidas. Ela ia ser internada para fazer uma cirurgia simples e nossa filha Sydney, de

10 anos, disse: "Mãezinha, será que você precisa mesmo fazer esta cirurgia?"

Ainda não sei exatamente o que aconteceu nas 72 horas seguintes. A cirurgia transcorreu bem e Leslie estava sonolenta e um pouco desconfortável na primeira noite. As crianças e eu ficamos com ela no hospital e como no dia seguinte ela estava se sentindo um pouco melhor, ao anoitecer fui embora para que ela pudesse descansar. Disse que ia ao escritório tomar algumas providências e que retornaria para visitá-la no dia seguinte antes do meio-dia. Estava previsto que ela ficaria no hospital apenas mais um dia.

Na manhã seguinte, telefonei para o hospital por volta das 11h e ouvi minha mulher falar coisas sem sentido. Corri para o hospital e descobri que ela havia tido um derrame cerebral no meio da noite, aos 37 anos. Leslie estava vendo imagens triplicadas e ia ser transferida para a unidade neurológica de terapia intensiva. Mais tarde, o neurologista pediu que eu tomasse a decisão mais difícil de minha vida: "Sua esposa teve um derrame e não sabemos a causa. Temos que optar por colocá-la ou não sob uma medicação que deixa o sangue rarefeito, um recurso que pode salvar sua vida ou provocar mais sangramento, dependendo do que tenha sido a causa do derrame. Essa decisão é sua." Pensei um pouco a respeito e decidi autorizar o uso da medicação. Os sete dias que se seguiram foram tensos e assustadores.

Quando acontece alguma coisa desse tipo, cada um de nós tem uma história para contar. Não posso falar por minha mulher, mas os meses seguintes desencadearam um ciclone de emoções em minha vida, geralmente movimentada e repleta de reuniões e tarefas. Mesmo com Leslie se recuperando em casa, eu continuava a me manter ocupado e, em retrospecto, percebo que não estive à disposição dela da maneira que gostaria e deveria. Continuava a me perguntar: é esta realmente a maneira certa de levar minha vida? O que é de fato importante?

Um amigo meu, Jim Kouzes, disse que "a adversidade nos faz conhecer a nós mesmos" e eu não tinha certeza se estava gostando da pessoa que estava conhecendo. Eu assistia com tristeza a sua luta diária para readquirir a capacidade de executar tarefas simples, antes consideradas normais, e lutava para pensar sobre o futuro. O derrame lembrou-nos a fragilidade da vida, mas também serviu como sinal de alerta.

Quando aquele ano terminou, Leslie havia voltado quase inteiramente ao normal e eu me sentia agradecido e aliviado. Era como se tivéssemos escapado da execução de uma pena de morte, mas tínhamos recebido sua visita. Nossa convicção na saúde e na vida fora destruída por esta experiência, o que me levou a questionar: se a minha hora chegasse agora, poderia dizer que havia descoberto os segredos da vida?

Como estava me aproximando dos 50 anos, parti para a jornada que compartilho com vocês neste livro — a descoberta dos segredos de uma vida feliz e com propósito.

O desejo de ter certeza do que é importante, do que de fato vale a pena viver, tem estado presente em toda minha vida, só que agora a noção de urgência é muito maior. O que é importante na vida? O que vou pensar a esse respeito no final da vida? Já que o tempo que me resta é limitado, como usá-lo de forma sensata? Quais são os segredos de uma vida feliz e com propósito?

As duas coisas que mais queremos

Freud defendeu a teoria de que os primeiros impulsos humanos eram buscar o prazer e evitar a dor. Como resultado de meu interesse pela história de vida de milhares de pessoas em diversos continentes, primeiro como pastor e depois como gestor de treinamento para o crescimento pessoal, creio que Freud estava totalmente errado.

Em minha opinião, as duas coisas que mais queremos, como seres humanos, são encontrar a felicidade e o sentido da vida. Em algumas situações, a palavra felicidade tem uma conotação frívola, como na frase "Não se preocupe, seja feliz" (no sentido de estar alheio e alegre), mas podemos também pensar na felicidade como uma sensação temporária agradável proporcionada por prazeres como boa comida e sexo.

Quando uso a expressão "encontrar a felicidade" quero dizer que todas as pessoas desejam vivenciar a alegria e a sensação de contentamento, saber que viveu plenamente e que experimentou o significado da existência. Segundo o escritor norte-americano Joseph Campbell, autor de *O poder do mito:* "buscamos a experiência de estar vivo, para que nossas experiências no plano puramente físico tenham repercussão no mais íntimo do nosso ser e da nossa realidade e, dessa forma, possamos sentir realmente o êxtase de estar vivo."

Isso não significa um estado de beatitude permanente, mas o contentamento, a satisfação e a alegria do dia a dia que geram a experiência chamada felicidade. No final de cada dia desejamos ter o que o meu avô chamava de um "bom cansaço".

O problema é que para os seres humanos a felicidade sozinha

não é suficiente. Também desejamos encontrar um sentido na vida. Se a felicidade vem da experiência diária de contentamento e alegria, o sentido da vida surge a partir da consciência de ter um propósito. O psiquiatra austríaco Viktor Frankl, que foi aluno de Freud e sobrevivente de um campo de concentração nazista, sugere que a busca pelo sentido da vida é o impulso maior do ser humano. Em sua opinião, queremos que nossa existência faça alguma diferença, bem como encontrar um motivo para estar vivo. Algumas pessoas chamam a isso de senso de propósito, outras de legado ou de encontrar uma vocação. Para mim, esse "sentido" está relacionado a uma interligação com alguma coisa externa. O sentido da vida tem a ver com a experiência de não estar só, de estar ligado a alguma coisa e a alguém além de mim mesmo.

A felicidade diz respeito aos momentos da vida, enquanto o sentido da vida diz respeito ao nosso senso de interligação. Se não fôssemos mortais, estar feliz seria suficiente, mas o senso de mortalidade nos faz desejar estar interligados, saber que importa ter estado aqui.

Mas como é possível descobrir os segredos da felicidade e do sentido na vida? Como encontrar um modo de viver bem e morrer feliz?

Muita gente tropeça na estrada da vida e aprende à medida que caminha. Geralmente descobrimos a sabedoria quando estamos velhos e já é tarde demais para nos guiar pelo que aprendemos. O ideal é descobrir os segredos da felicidade o mais cedo possível. Não acredito que seja necessário esperar até a velhice para nos tornarmos sábios. Os segredos da vida estão ao nosso redor, confirmados na vida daqueles que encontraram o que procuramos.

Este livro apresenta os cinco segredos que precisamos descobrir sobre a vida antes de morrer. Eles são os fundamentos de uma vida realizada e com firmes propósitos — um presente das pessoas que viveram com sabedoria para quem ainda está escalando a montanha.

Serão realmente segredos?

Por que chamo essas descobertas de "segredos"? Em geral consideramos misterioso algo que poucas pessoas sabem, embora muitos tenham a impressão de que os conhecem. Eles não são mesmo nenhuma novidade. Um segredo, segundo o dicionário, é "uma fórmula ou plano conhecido apenas por iniciados ou alguns poucos escolhidos". O que lhes dá esse caráter secreto às descobertas é o fato de que somente algumas pessoas parecem acreditar nelas.

No livro *Ana Karenina*, Tolstói diz que "as famílias felizes são todas parecidas, mas as infelizes são cada uma infeliz à sua maneira". O que descobri nas entrevistas com as 235 pessoas é que os cinco segredos da felicidade que elas tinham em comum referiam-se à maneira como viveram a vida. Mais importante: descobri que elas não apenas conheciam os segredos como os aplicavam em suas vidas.

Conhecer os segredos não é suficiente. Todos conhecemos coisas que não colocamos em prática — fazer exercício é bom para a saúde, ter uma dieta balanceada ajuda a prevenir doenças, o cigarro é nocivo à saúde, as pessoas são mais importantes do que as coisas materiais, e assim por diante —, mas nem por isso vivemos conforme prega a "sabedoria". Neste livro procuro responder às seguintes perguntas: o que importa e quais são os segredos para se ter uma vida plena e satisfatória? Como colocar esses segredos em prática sem perder o rumo?

Penso nessas perguntas como "saber e fazer". Saber é necessário, mas não é o bastante.

Antes de apresentar os cinco segredos e as técnicas para incorporá-los em suas vidas, vamos examinar o método pelo qual os descobri.

CAPÍTULO 2

Por que conversei com um barbeiro (e com outras 200 pessoas com mais de 60 anos) sobre a vida

Há três maneiras de aprender a sabedoria: primeiro, pela reflexão, que é a mais nobre; segundo, pela experiência, que é a mais penosa, e terceiro, pela imitação, que é a mais fácil.

Confúcio

Imagine-se planejando passar férias em um país exótico e misterioso e que, para isso, usou as economias de toda a vida. Trata-se de um lugar com opções quase ilimitadas de diversão e você sabe que não terá tempo suficiente para explorar todas as possibilidades. Sabe que não conseguirá fazer uma segunda viagem para esse lugar. Essa é sua única oportunidade.

Agora imagine-se descobrindo que vários vizinhos estiveram naquele país e conheceram todas as suas atrações. Alguns adoraram a viagem e tiveram poucas decepções, mas outros gostariam de poder voltar com o conhecimento que adquiriram. Você os convidaria para jantar e pediria que mostrassem as fotos e contassem suas histórias? Você ouviria seus conselhos? Eu diria que você seria um tolo se não ouvisse suas experiências de viagem, embora fosse filtrar as histórias deles de acordo com suas preferências pessoais.

A vida é semelhante à experiência dessa viagem. Só temos uma oportunidade de trilhar a estrada da vida, pelo menos até onde sabemos, e contamos com um tempo indefinido e limitado para fazer isso. Da mesma forma que muitas pessoas acabam se arrependendo da forma como fizeram a jornada, é possível obter uma intensa sensação de propósito e felicidade. Por que não ouvir quem já passou pela experiência e pode contar o que aprendeu?

O princípio que norteou este livro é simples: identificar pessoas que tiveram uma vida longa e encontraram felicidade e propósito, e descobrir os *segredos* que precisamos conhecer antes de morrer.

Uma de minhas grandes qualidades é o interesse que tenho pelas outras pessoas. Desconhecidos se abrem assim que se aproximam de mim, talvez porque não tenho o hábito de julgar ninguém e também porque acredito que nos tornamos sábios ouvindo as experiências dos outros. Acredito que a "sabedoria é a recompensa que você recebe na vida por escutar quando teria preferido falar".

O processo de seleção das pessoas sábias

Talvez devido à minha convicção de que sabedoria se aprende através das experiências dos outros, pedi a 15 mil pessoas sugestões de nomes de pessoas que elas consideravam ter descoberto o propósito e a felicidade na vida. Em vez de definir o significado de propósito, achei que esse processo resultaria num conjunto incomum de pessoas, cujas histórias e reflexões sobre a vida levariam aos segredos que eu buscava.

O resultado foi impressionante. Todos os dias o escritório era inundado de mensagens de voz, e-mails e cartas falando de parentes, amigos e sócios que as pessoas diziam ter tido "vida longa e descoberto o que é importante". Com a ajuda de entrevistas rápidas, fizemos uma pré-seleção e chegamos a quatrocentos nomes. Depois de mais uma rodada de entrevistas, finalmente definimos as 235 pessoas sábias que seriam a base deste livro.

Encontros pessoais ou longas conversas telefônicas foram feitas na tentativa de descobrir o que elas haviam aprendido com a vida, o que lhes trouxe a felicidade, o que deu sentido à vida, o que foi perda de tempo, o que fariam de forma diferente se pudessem viver outra vez, quais foram os momentos decisivos que mudaram o curso de suas vidas e qual era a sensação em relação à morte.

Ouvimos os relatos de suas vidas e das atividades que as caracterizaram na tentativa de ler, nas entrelinhas de suas experiências, os segredos da felicidade e da vida plena e realizada.

O que é singular a respeito deste livro não é o fato de termos conversado com tantas pessoas idosas sobre a vida. O que o faz diferente é que essas pessoas foram identificadas por outras, em geral mais jovens, como exemplos de felicidade e propósito.

Na juventude, é comum encontrar pessoas mais velhas com quem nos identificamos. Geralmente são avós, tios ou mentores e dão a impressão de que "sabem das coisas". De alguma forma, seus anos de vida serviram para transformar conhecimento em sabedoria. Como muita gente, encontrei pessoas que pareciam ter grande conhecimento e experiência de vida. Meu avô foi um deles. Ele conhecia os mistérios da vida e havia descoberto o que era importante.

As pessoas mais velhas e sábias estão ao nosso redor e têm muito que nos ensinar. Só precisamos prestar atenção. O elo forte que em geral une um avô ao neto nasce do fato de que as crianças muitas vezes sentem intuitivamente a ligação entre idade e sabedoria.

É claro que nem *todas* as pessoas de idade são sábias. Embora a sabedoria esteja associada à idade, a regra nem sempre se aplica. Existem muitas pessoas idosas amarguradas, que parecem ter aprendido pouco ao longo da vida. Por isso conversei não somente com pessoas que tiveram vida longa, mas também com outras nas quais o traço da sabedoria foi notado apesar do frescor dos anos. É o que defino como *capacidade de discernir o que realmente é importante e incorporar o conceito em sua vida.*

A importância de conversar com os mais velhos

Conversar com pessoas mais velhas para descobrir como se deve viver não é algo comum em nossa sociedade. Vivemos numa cultura direcionada para os jovens, que considera mais valioso o que é novo e atual (seja um laptop, um carro ou uma pessoa). Então, qual é o sentido de escutar os mais velhos? Se somos jovens ou de meia-idade, por que buscar os idosos para descobrir seus segredos? Por que não procuramos pessoas de todas as idades que parecem felizes?

Há um provérbio romeno que diz: "A casa que não tem uma pessoa idosa precisa de uma." Há um motivo pelo qual a humanidade sempre reverenciou os velhos. Viver 75 ou 55 anos não é um tempo suficiente para se adquirir sabedoria através da experiência (o caminho mais penoso a que se refere Confúcio).

Recentemente tive o privilégio de visitar diversas tribos na Tanzânia. Foi durante essa viagem que me ocorreu pela primeira vez a ideia deste projeto, pois fiquei impressionado com a maneira respeitosa que as tribos tanzanianas tratam seus "velhos". O povo Irak, por exemplo, tem um Conselho dos Anciãos que toma decisões importantes para a tribo. Seus membros têm mais de 50 anos e os homens se reúnem em separado das mulheres. Conheci um membro da tribo que tinha 49 anos. Ele me disse que era "mais do que ótimo" estar prestes a se tornar um ancião. Dava para perceber o quanto havia se preparado para aquele momento.

Quando os membros tribais perguntaram como funcionava o Conselho de Anciãos em sua sociedade, os 15 norte-americanos de meu grupo, a maioria com mais de 50 anos, se apressou a explicar que em nossa sociedade as pessoas mais velhas muitas vezes eram colocadas em casas especiais ou viviam afastadas dos jovens. A verdade é que nossa sociedade valoriza mais os jovens do que os idosos.

Os velhos dessa tribo ficaram horrorizados. Como era possível? Após conversarem entre si, nos aconselharam a voltar para casa e constituir um conselho para "fazer as pessoas nos escutarem". Por alguns momentos de bravura, sentados nas montanhas da África Ocidental, julgamos aquela ideia genial. Isso me fez lembrar que ao longo da história o homem quase sempre admitiu com naturalidade que em geral a idade traz uma sabedoria que vale a pena ser ouvida. Foi quando percebi que essa experiência fora perdida em nossa sociedade.

O interessante é que os membros da tribo Irak nos revelaram que, com frequência, convidam homens e mulheres mais jovens para fazer parte dos seus respectivos conselhos como convidados, porque algumas pessoas mais jovens já são sábias. Grande lição. A sabedoria também pode ser encontrada mais cedo — na realidade, os segredos da vida podem ser descobertos em qualquer idade.

Também entrevistei vários anciãos aborígenes do Canadá e dos Estados Unidos. Diferentemente dos costumes da tribo Irak, o indivíduo não se torna um ancião quando completa 50 anos, não há indicações de nomes nem processos de votação. Nas culturas aborígenes, a pessoa sábia precisa ser uma unanimidade para que os outros membros da tribo comecem a reconhecê-la como tal. Os espíritos dos ancestrais são reverenciados pela mesma razão, pelo dom da sabedoria que eles têm para transmitir.

A perspectiva do encontro de gerações perdeu força numa sociedade cada vez mais urbana e instável como a nossa. Há alguns anos conheci no Brasil um rapaz que me disse ter como maior amigo um idoso que morava em sua rua. Esse tipo de amizade é uma dádiva rara no chamado mundo desenvolvido, pois as próprias pessoas não têm boa vontade para ouvir os mais velhos.

Quando olho para trás, percebo que deveria ter buscado a sabedoria daqueles mais experientes que eu, em vez de achar que aprender com os erros era o melhor caminho para a sabedoria. Precisamos com urgência conviver com pessoas que tiveram vida longa e alcançaram a sabedoria.

Uma das premissas básicas da pesquisa que serviu de base a este livro é a aceitação de que conhecemos a sabedoria ao encontrá-la. Um amigo trabalhou durante muito tempo com grupos étnicos nativos do Canadá. Certa vez ele estava acompanhando uma anciã aborígene, uma mulher de cerca de 1,20 m de altura. Em certo momento, ela olhou para ele e falou: "Se você estivesse em nossa cultura, seria um sábio." A mulher de alguma forma percebeu estar na presença da sabedoria.

Essa história reflete o processo pelo qual passei para chegar a este livro. Pedi às pessoas para pensarem em sua "caminhada na vida" e indicarem os nomes de quem chamariam de "idosos sábios". Embora fossem quase todas da América do Norte, as 235 pessoas que entrevistamos pertenciam a diferentes gerações (entre 59 anos e 105 anos) e a variados grupos étnicos, religiosos, culturais, geográficos e profissionais. A todas fizemos as mesmas perguntas: o que precisamos descobrir sobre a vida antes de morrer? O que têm a nos ensinar aqueles que já viveram a maior parte da vida?

Por que pessoas com mais de 60 anos?

No início do projeto, a idade mágica não era 60 anos. A pessoa podia estar logo acima dos 50 anos. O problema é que, depois das primeiras 25 entrevistas, percebi a grande diferença entre os sexagenários e os mais jovens.

Parecia haver algum ritual de passagem em torno dos 60 anos que fazia as pessoas começarem a refletir sobre o passado. Era como se os cinquentões ainda estivessem tão envolvidos com a experiência de viver que não conseguiam ter o necessário distanciamento.

No decorrer do trabalho, entretanto, entendi que talvez algo mais misterioso e belo explicasse o motivo pelo qual aqueles com mais de 60 pareciam mais sábios. Talvez exista um relação mística ou evolutiva entre idade e sabedoria ou, quem sabe, comecemos a refletir à medida que envelhecemos, para que possamos passar adiante o que aprendemos.

Ficou claro que antes dos 60 anos o ser humano começa a

relembrar os fatos da vida enquanto ainda a está vivendo, o que pode vir a ser a chamada "sabedoria da idade". É como escreveu o poeta Czeslaw Milosz: "A paz que senti foi a de uma prestação de contas, e estava ligada à ideia de morte." Por essa razão eu e meus dois companheiros de pesquisa concentramos nossos esforços nas pessoas com mais de 60 anos.

Isso não quer dizer que não haja muitos jovens sábios, mas a verdade é que algumas pessoas parecem muito felizes e realizadas aos 30 anos, mas terminam a vida amargas e infelizes. Portanto, achamos que seria mais sensato conversar com quem estivesse mais próximo do fim da vida. Mas isso não muda a proposta deste livro, que é descobrir e viver os cinco segredos em qualquer idade. Afinal, ficou claro que falar com pessoas que tinham a capacidade de relembrar suas vidas oferecia uma perspectiva única.

Quando finalizamos as entrevistas, surgiu um consenso sobre os cinco segredos que precisamos descobrir na vida antes de morrer. Concluímos que eles ultrapassavam muitos dos limites que em geral separam as pessoas — religião, etnia, cultura, gênero e status socioeconômico. O desejo de descobrir o que de fato importa e dá sentido à vida parece ser uma jornada comum aos seres humanos, sem limitações de credo ou cultura.

George Bernard Shaw escreveu: "A juventude é uma coisa maravilhosa; pena que seja desperdiçada com os jovens." Suponho que ele quis dizer que levamos a maior parte da vida para descobrir como viver e que, quando aprendemos o que é realmente importante, o tempo está quase terminando.

Por isso, não espere envelhecer para descobrir a sabedoria. Acompanhe-me nessa jornada e veja quais são os cinco segredos de vida dessas 235 pessoas.

CAPÍTULO 3

Primeiro segredo: ser fiel a si mesmo

A maior tragédia é a pessoa passar a vida inteira pescando para depois descobrir que não era de peixe que estava atrás.

Henry David Thoreau

Conversar com centenas de pessoas sobre o sentido da vida foi um grande presente e também um desafio. Ouvimos histórias íntimas, interessantes e muitas vezes comoventes. Como não fornecemos as perguntas de forma antecipada aos entrevistados, era comum que as pessoas, à medida que falavam, começassem a descobrir coisas que estavam guardadas em seu subconsciente. Acompanhar a descoberta desses segredos era uma sensação maravilhosa, embora às vezes ficasse claro que as verdades que dividiam comigo não eram novas para elas — tinham sido aprendidas há muito tempo e vinham sendo compartilhadas com os outros.

O desafio foi identificar os temas em comum, pois as pessoas descreviam as mesmas experiências com palavras bastante diferentes. Lembrei-me de uma brincadeira infantil em que um segredo vai sendo passado entre as pessoas de uma fila, uma sussurrando para a outra, e quando chega à última pessoa a mensagem original está irreconhecível. Tive que escutar com muita atenção para ir além das palavras e chegar ao âmago da sabedoria que unia todos. Perguntava sempre se houve alguma coisa que chamasse sua atenção, algum segredo para a satisfação e a felicidade, pois acredito que esse é o primeiro objetivo a ser alcançado, se quisermos viver com sabedoria.

Na realidade, o que surgiu nas entrevistas foi um conjunto de ideias e algumas palavras que se repetiram com muita frequência. As pessoas sempre diziam que "era preciso seguir o coração", "ser fiel a si mesmo", "conhecer a si mesmo e saber por que está aqui" e "saber o que é importante para você".

O que distingue aqueles que vivem bem e morrem felizes da maioria de nós é que eles se questionavam com frequência se estavam vivendo a vida que queriam e seguindo seu coração. Por isso, o primeiro segredo é *ser fiel a si mesmo, e ter uma intenção na vida.*

Estar atento à vida

Se quisermos seguir nossos corações, devemos antes de tudo ficar atentos à vida. Segundo Sócrates, viver sem examinar a própria vida não vale a pena. Mas o que significa isso?

Há outra forma de exprimir essa ideia: a menos que você examine sua vida constantemente para ter certeza de que ela está no rumo certo, são grandes as chances de acabar vivendo uma vida que não é a sua, o que significa chegar ao fim e perceber que seguiu um caminho que não era o seu.

Aprendi com essas 235 pessoas que ter sabedoria é refletir e questionar (quantas vezes forem necessárias) se a sua vida está indo na direção certa e fazer os ajustes necessários para se aproximar ao máximo da vida desejada. Muita gente vive descompromissadamente, sem ter experiências e raramente se perguntando como poderia alcançar o caminho que deseja.

Elsa, 72 anos, sintetizou essa questão muito bem quando respondeu ao meu pedido de qual conselho daria aos mais jovens a respeito de encontrar felicidade e propósito na vida: "Não posso fazer isso porque para dizer a uma pessoa o segredo da felicidade, eu teria que sentar com ela, olhar fundo em seus olhos e descobrir quem ela é e quais são os seus sonhos. Digo isso porque o segredo da felicidade é ser fiel a si mesmo."

Cada pessoa tem um caminho pessoal para encontrar a felicidade. A pergunta que as pessoas felizes fazem não é se estão focadas no que é importante e sim no que é importante para *elas*.

Três perguntas que realmente importam

Mas como é possível ser fiel a si mesmo? O segredo é ter um *propósito* na vida e se questionar constantemente.

- Estou seguindo o meu coração e sendo fiel a mim mesmo?
- Será que minha vida está centrada nas coisas que realmente importam para mim?
- Será que estou sendo a pessoa que gostaria de ser?

George estava com mais de 70 anos e era professor aposentado de física. Durante quase 40 anos ensinou a várias gerações de jovens, portanto era natural que eu lhe perguntasse o que havia observado sobre a vida nesse período. Ele respondeu que percebera uma enorme diferença entre os alunos que estavam seguindo sua vocação e os que não estavam. Contou que alguns seguiam o sonho de alguém, quase sempre do pai, enquanto outros optavam por áreas que não se ajustavam ao seu perfil.

Os que escolhiam profissões que gostavam, mesmo que não fossem brilhantes, de alguma forma venciam os desafios. "Quando reencontrei muitos desses alunos, percebi que os que seguiram seu coração continuavam indo bem, mas os que não o fizeram pareciam lutar a vida inteira", afirma George.

O que George observou em seus alunos eu percebi entre as 235 pessoas que entrevistei. Inúmeras vezes vi o resultado do que é ser fiel a si mesmo e a amargura que nos invade quando deixamos de assim fazer. Muitas vezes as sementes da *infidelidade ao verdadeiro "eu"* são plantadas bem cedo. É o que acontece quando em vez de perguntar o que "queremos fazer e ser na vida", tentamos nos comparar com os outros.

O ator e diretor Antony, 85 anos, durante mais de 70 anos seguiu o caminho que achou ser a sua verdadeira vocação: o palco. Até hoje seu médico lhe diz: "O que quer que você esteja fazendo, continue a fazer porque está funcionando." Antony garante que apenas tem sido fiel a si mesmo. Desde muito jovem ele costumava observar na escola os meninos mais velhos e todo ano escolhia um como exemplo. "Quero ser como ele", pensava. Um dia, no entanto, percebeu que não tinha afinidade com nenhum daqueles meninos e que o seu caminho para a felicidade estava em descobrir o que gostava de verdade. "Não tente ser outra pessoa. Seja você mesmo", aconselhou.

Muitos anos atrás uma revista me classificou como “uma das pessoas cotadas para se tornar o próximo Tom Peters”, o guru da área de negócios, autor de *Vencendo a crise*. Alguns anos depois desse episódio, eu estava em reunião com um pessoal que havia me contratado para uma turnê de palestras e quando me pediram para explicar o que me dera destaque, comentei sobre a capa da revista que havia me chamado de o próximo Tom Peters. Nem bem acabara de dizer isso, o diretor da empresa franziu a testa e falou de modo ríspido: “Não queremos que você seja um novo Tom Peters, já existe um. Queremos que seja o primeiro John Izzo.”

Aquelas palavras foram de grande ajuda para mim e me levaram a examinar de forma mais profunda o que me caracterizava, em vez de tentar imitar os outros. A primeira pergunta que você deve se fazer sempre é: “A vida que estou vivendo é satisfatória?”

Sua vida está perdendo o foco?

Quando jovem, estudei em um seminário protestante e aprendi grego antigo e hebraico. Na Bíblia, a palavra pecado (*sin*, em inglês) se origina da palavra grega que significa “errar o alvo”, numa referência ao esporte arco e flecha. Ou seja, o maior pecado é errar o alvo do seu propósito na vida. Por isso é que Wordsworth, o grande poeta inglês, escreveu em *Prelúdio* que seria poeta por vocação. Nesse sentido, ter uma intenção na vida significa perguntar o quanto falta para atingir o seu objetivo.

A questão de ser fiel a si mesmo pode ser tratada de duas maneiras. A primeira é perguntar todos os dias se está sendo fiel a si mesmo. Costumo dizer às pessoas que uma vida feliz e vivida com um propósito é uma sequência de dias felizes. As pessoas sábias sabem o que é um dia bom. Meu avô falava inclusive sobre o "bom cansaço" e o "mau cansaço". Segundo ele, o "bom cansaço" ocorre quando a pessoa vive atenta às coisas realmente importantes para ela. Já o "mau cansaço" estava relacionado àquela sensação de que as coisas estavam indo bem, mas no fundo a pessoa sabia que não estava sendo fiel aos seus verdadeiros desejos.

Pelo visto, *conhecer a si mesmo* significa entender o que constitui um dia de "bom cansaço". Uma das maneiras de fazer isso é refletindo mais. Quando tiver um dia de "bom cansaço", preste atenção no que aconteceu naquele dia e nos elementos que contribuíram para a sua satisfação. Quando tiver um dia de "mau cansaço", reflita igualmente sobre o que o provocou.

Como pratiquei esta técnica durante algum tempo, consegui identificar várias características desses dois estados de espírito. Percebi que sempre que tinha um dia de "bom cansaço", estivera fora algum tempo durante o dia, nem que fosse para uma simples caminhada de 15 minutos no parque. Em geral eu conseguia tempo para desfrutar a companhia das pessoas, especialmente os amigos e familiares, e não sentia que minhas tarefas de trabalho pesavam — pelo contrário, buscava fazê-las o melhor possível. Já nos dias de "mau cansaço", era inevitável: meu foco estava sempre direcionado para o trabalho e eu não tinha tempo para ninguém, nem mesmo para minhas necessidades pessoais (ler ou estudar).

Ao refletir sobre essas simples diferenças, aumentei minhas chances de ter mais dias de "bom cansaço". Curiosamente, esse padrão se repetiu entre os entrevistados para este livro. As pessoas felizes sabem o que lhes traz felicidade e de forma sistemática fazem disso uma prioridade.

O esporte que mais gosto de praticar é o tênis. Quando estou numa quadra, perco a noção do tempo, o que não é uma má definição da ideia de Joseph Campbell de "persistir em sua bem-aventurança". Certa vez participei de um campeonato de tênis e recebi o seguinte conselho: aproveite a prática do esporte para refletir. Geralmente as pessoas ficam eufóricas se marcam um ponto e frustradas quando erram uma jogada, mas a maioria simplesmente não reflete sobre o fato de estar vencendo ou perdendo. O técnico recomendou que eu fizesse três perguntas depois de cada ponto. "Venci ou perdi o jogo?", "Por que venci ou por que perdi?" e "O que preciso fazer diferente com base no que aprendi?" Posso garantir que meu jogo melhorou, assim como minha vida.

Imagine se, ao fim de cada dia, nos questionássemos sobre o resultado de todos os acontecimentos cotidianos: teria sido um dia de "bom cansaço" ou de "mau cansaço"? Se foi um dia positivo, quais elementos contribuíram para isso? Se foi um dia negativo, o que causou essa sensação? Há alguma coisa que eu precise fazer de forma diferente amanhã com base no que observei hoje? Se fizéssemos essas perguntas depois de cada semana de nossa vida, cada mês, cada ano, nossa vida se aproximaria cada vez mais do "alvo".

É claro que seguir o próprio coração e ser fiel a si mesmo também envolve questões mais amplas. A profissão que escolhi representa o meu verdadeiro eu? A vida que tenho levado é o meu verdadeiro "caminho"? Estou sendo o tipo de pessoa que quero ser na vida?

Descobrindo o seu destino

Joana, 60 anos, tem origem hispânica. Sua família emigrou da Nicarágua para os Estados Unidos quando ela tinha 3 anos, em um barco de bananas. Para os latinos, a palavra *destino* não tem um sentido fatalista (exemplo: ela está destinada a ser presidente ou ele está destinado a fracassar na vida). Segundo Joana, ela se aproxima mais do conceito de Dharma, em sânscrito, segundo a qual cada um de nós tem uma essência própria e verdadeira. No fundo, é a mesma ideia sobre cada um de nós ter o seu caminho a seguir, o caminho para o qual viemos ao mundo.

Outras palavras têm sido usadas para descrever essa crença, todas variações sobre o mesmo tema, de que cada um tem o próprio caminho e que basta segui-lo para encontrar a bem-aventurança. Mas, o que significa seguir os desejos do coração? Mais importante ainda: como ter certeza de que estamos fazendo isso?

"Seguir o seu coração" pode ser muitas coisas. Desde trabalhar em algo adequado aos seus interesses até ser fiel a si mesmo no tipo de vida que escolher (e ser honesto sobre o que deseja) e ter a tranquilidade para ouvir a voz interior que lhe diz se você está se afastando dos seus desejos mais profundos.

Para William, 73 anos, autor e terapeuta, saber que estava sendo fiel a si mesmo já bastava para deixá-lo feliz. "Encontrei grande parte do meu propósito de vida através do destino, não como um objetivo final e sim como o caminho que estamos trilhando. Cada um de nós nasce destinado a seguir determinado rumo e a vivenciar um determinado conjunto de experiências."

William falou ainda sobre a primeira vez que teve a sensação de estar cumprindo o seu destino. "Eu tinha 4 anos de idade e estava sentado na grama olhando as formigas quando percebi que elas viviam em uma escala diferente da minha. Naquele momento, tive uma forte sensação do mistério que envolvia minha tentativa de desvendar aquele mundo e entendi que tentar entender as coisas fazia parte do meu destino."

Tom tinha 60 anos quando o entrevistei. Ele é da etnia Metis e cresceu nas pradarias do oeste do Canadá. Os metis são descendentes da população nativa do Canadá, cujas mulheres se casaram com comerciantes franceses. Aos 13 anos ele teve uma experiência que mudou sua vida. Tom e seus amigos adoravam esquiar no lago da reserva. Um dia, no início do inverno, os anciãos da aldeia onde ele morava avisaram que o lago ainda não estava totalmente congelado, mas a audácia da juventude fez com que eles ignorassem os avisos. "Passamos quase a tarde toda esquiando. Lembro-me que no caminho passamos sobre uma enorme rachadura no gelo, uma marca que todo ano aparecia, por isso não demos muito importância", conta.

Quando o dia começou a escurecer, os adolescentes tomaram o caminho de volta para o vilarejo. Ao chegarem na tal rachadura do gelo, os amigos de Tom passaram cautelosamente por cima da rachadura, mas Tom parou e gritou para os amigos olharem. Nesse momento, ele deu um forte impulso com o esqui e saltou sobre a rachadura, mas, ao aterrissar, o bloco se partiu embaixo dele. De repente, ele estava dentro do lago gelado, abaixo da superfície, olhando para cima e nadando em direção ao buraco pelo qual tinha caído. Agarrando-se no gelo, ele pedia que os amigos o ajudassem. Um a um, eles tentaram vir em seu auxílio, mas cada vez que Tom tentava subir, o gelo se quebrava em sua volta e o impedia de subir.

Cansado e tremendo de frio, ele viu seus amigos começarem a correr, um a um, rumo à vila em busca de ajuda. Agarrado na borda da camada de gelo, ele afundou sob a água gelada quando o último amigo deu a volta e saiu correndo. Tom teve a sensação de que a vida o estava abandonando. Olhava para cima e via apenas escuridão, havia perdido a direção do buraco no gelo. "Achei que ia morrer, mas por algum motivo ocorreu-me naquele momento que havia árvores em volta do lago. Eram álamos, e nós os chamávamos de álamos tremedores porque eles têm umas folhas delgadas que balançam com o vento de modo que toda a floresta parece balançar junto. Só pensava que jamais veria os álamos tremedores novamente. Estava quase desistindo, mas senti as árvores me chamando e olhei mais uma vez para cima e vi um perfeito buraco redondo no gelo que não estava ali um minuto antes. Erguendo a mão agarrei-me no gelo que resistiu. Vi que o último dos amigos ainda podia me ouvir e comecei a gritar por socorro. Ele voltou e jogou o casaco e conseguiu me arrastar para um lugar seguro.

Na ocasião, ele ficou grato por estar vivo. E começou a refletir sobre a experiência: "Perguntava-me por que não pensei nos meus pais ou em meus avós quando estava morrendo e só pensava nos álamos tremedores, que não os veria mais. Foi um mistério que me perseguiu por muitos anos." Quase 20 anos depois ele contou essa história para uma curandeira e ela explicou que as árvores o haviam salvado porque o *destino* dele era conduzir as cerimônias rituais. Em sua tribo, os álamos faziam parte de certas cerimônias sagradas. "Você nasceu para curar as pessoas", afirmou ela.

Tom percebeu que sempre sentira o chamado para a espiritualidade, mas resistira aos apelos. Naquele momento, no entanto, ele viu seu *destino*, seu verdadeiro caminho na vida. Quando começou a liderar as danças rituais, recebeu um nome "espiritual": Búfalo Branco. Desde então, tornou-se o guia espiritual da comunidade. Continuou a ganhar a vida com outras coisas, mas a responsabilidade de líder espiritual passou a ser a sua verdadeira razão de viver.

Cada um de nós tem o seu álamo tremedor, ou seja, algo que seja significativo e indique um caminho. Se prestarmos atenção a esses apelos, encontraremos a felicidade e o propósito da vida, mas se os ignorarmos, sentiremos um vazio na alma que não pode ser preenchido. Não adianta tentar agarrar a felicidade à força, pois a tendência é que ela se parta em nossas mãos como o gelo fino daquele lago congelado.

Para algumas pessoas, o caminho é revelado através de experiências como a de Tom, mas em geral o processo de descoberta da verdadeira essência é mais sutil e acontece de forma inesperada. Quando decidi entrevistar pessoas sobre suas vidas, um nome que me veio imediatamente à cabeça foi o de Bob (que estava envergonhado de ter 60 anos). No capítulo anterior, relatei o trabalho que ele realizou com os povos aborígenes e o reconhecimento de sua sabedoria por uma anciã aborígene, fato que ele considerou um dos maiores cumprimentos que já recebeu.

Eu conhecia muitos fatos da vida de Bob, mas a entrevista revelou uma jornada interior de quem é fiel a si mesmo. Sua mãe gostava de observar pássaros e seu pai de mexer no jardim. Quando criança, eles lhe apresentaram duas escolhas de passatempo. "Eu podia optar entre brincar ao ar livre ou subir para o quarto e ler meus livros, então decidi fazer ambas as coisas", conta.

Ao se lembrar de suas andanças pelas redondezas, observando as plantas e os seres vivos, principalmente os pássaros, Bob percebeu que suas leituras prediletas também abordavam a natureza. O mundo natural lhe dava grande satisfação. Com 10 anos, comunicou à mãe que seria "biólogo", embora admitisse que não sabia o que fazia um biólogo. De qualquer forma, Bob decidiu seguir seus instintos e se formou em biologia, chegando a trabalhar como voluntário na luta pela preservação das florestas. Seu elo continuava a ser a natureza — aquele era o seu álamo tremedor.

Às vezes pode ser uma dádiva ver as consequências de não ser fiel a si mesmo desde cedo. Quando tinha 20 anos, o pai de Bob, um anestesiologista muito respeitado, foi homenageado pelo hospital por ter completado vinte mil procedimentos. Ao voltar da festa, Bob perguntou ao pai como se sentia comemorando todos aqueles anos como médico. Ele respondeu que preferia ter sido contador. "O que mais me agradava no fato de ser médico era cuidar da minha contabilidade", confessa.

Para Bob foi um choque saber que seu pai *não havia seguido o coração.* Ele passava os dias praticando medicina, mas era nos livros de contabilidade que perdia a noção do tempo. "Naquele momento, decidi que se algum dia me perguntassem como me sentia por ter uma determinada profissão, eu jamais iria dizer que 'preferiria ter sido outra coisa.'" Essa imagem perseguiu Bob, e ele se manteve fiel à promessa que fizera a si mesmo.

Sua vida é um exemplo da importância do autoconhecimento na escolha da carreira. Demonstra por que ter um propósito na vida e conhecer a si mesmo é tão fundamental. Durante muitos anos eu me indagava por que Bob e Mary não tinham filhos, mas por delicadeza nunca perguntei o motivo. Talvez um problema médico houvesse tornado impossível a vinda de uma criança e eu não queria causar-lhes um sofrimento desnecessário. Durante a entrevista porém, Bob disse que não tinha tido filhos por opção. "Logo no início do meu relacionamento com Mary eu disse que não queria ter filhos, que meu caminho era o meu trabalho e eu não queria filhos me impedindo de cumprir a tarefa para a qual eu sabia ter sido chamado, que era proteger a natureza. Mary sentia-se da mesma forma e, por isso, fizemos essa opção", explica.

A receita para uma vida feliz raramente é útil, principalmente quando ela presceve alguns elementos necessários à felicidade. Entrevistei pessoas que sentiram vocação para serem pais e foram muito felizes. Minha mulher, Leslie, é uma dessas. Prestativa e cuidadosa, ela seguiu seu verdadeiro caminho, tanto com a família como em seu trabalho de enfermeira. Se não tivesse tido filhos, ela não teria cumprido seu *destino*. A essência de Bob, no entanto, era oposta. Com muita reflexão e atenção à voz do seu coração, sabia que não estava destinado à paternidade.

As consequências de contrariar sua verdadeira vocação podem ser devastadoras — para os outros e também para você. Um de meus melhores amigos sempre percebeu que sua mãe achava uma grande chateação cuidar dos filhos. Ela se esforçava e tentava fazer o melhor, mas não nascera para ser mãe. Ainda menino ele notava o quanto ela parecia despreparada para a maternidade e isso o fazia se sentir pouco amado. Ele também sentia que o relacionamento dos pais não era bom. Seu pai era alcoólatra.

Mais tarde, já com trinta e poucos anos, ele visitou a mãe e constatou o profundo desgosto que ela trazia dentro de si. Um amargo alheamento permeava sua visão da vida. Com coragem e compaixão ele lhe perguntou: "Mãe, você nunca quis ter filhos, não é?" Depois de um momento de silêncio, ela respondeu que cometera dois grandes erros na vida. O primeiro foi sair da Escócia, país que amava. E o segundo foi casar e ter filhos.

O sentimento que invadiu meu amigo não foi raiva, mas uma estranha mistura de alívio e compaixão. Alívio pela confirmação de que seu instinto estivera certo. Não havia nada que ele pudesse ter feito para receber mais afeto de sua mãe, não tinha nada a ver com ele. E compaixão, pela mãe não ter seguido o coração e também pelo pai, cujo vício de beber talvez houvesse aumentado a insatisfação materna. A verdade é que para cada pessoa que teve filhos quando essa não era sua paixão há alguém que se dedicou à carreira em vez de seguir sua vocação para a paternidade.

Seguir o coração exige coragem

Existem situações em que seguir a voz interior pode significar abafar outras vozes que sugerem outros sonhos. Ron, 70 anos, havia crescido em uma família de médicos. Seu tio havia sido um médico respeitado na comunidade e quando Ron decidiu seguir a carreira médica, sua família e seus amigos o incentivaram. Pouco antes de se inscrever na faculdade, ele se consultou com um talentoso quiroprático e, durante o tratamento, se familiarizou com a disciplina que acredita no poder de cura do corpo e valoriza o toque. Isso atraiu o seu interesse. "Cheguei à conclusão que a quiroprática seria perfeita para mim. O problema é que ainda era uma técnica pouco conhecida, então todo mundo começou a fazer piada, dizendo que eu ia virar charlatão. Como estava seguro de minha decisão, ignorei os comentários", conta.

Seguir os próprios instintos quase sempre significa ouvir a nossa voz interior, mas Ron, anos depois, trocou a quiroprática pela "cura de energias". Mais uma vez encontrou resistências por parte das pessoas. Como estava convencido de que aquele era seu caminho, foi em frente. "Sempre soube o que queria fazer e acho que é assim com a maioria das pessoas. Só precisa ter coragem para agir", afirma.

Na opinião de Ron, existem duas regras para seguir o coração: *ter disciplina para ouvir* e *coragem para seguir.* Isso me fez pensar em minha própria trajetória. Comecei como pastor e peregrinei pelo mundo corporativo quando deixei minha paróquia. A decisão de entrar para o mundo dos negócios não foi racional. Eu precisava trabalhar e adorava participar da vida das pessoas, então optei pela área de desenvolvimento administrativo e descobri que tinha aptidão para isso.

Mesmo assim, durante os dez anos seguintes, sentia que alguma coisa estava faltando. Eu havia entrado para o clero em parte pelo desejo de falar com as pessoas sobre o sentido de suas vidas e as questões prementes do nosso tempo (paz, ecologia e temas afins). Com o tempo, o mundo dos negócios foi se tornando cada vez menos interessante, embora oferecesse excelente remuneração. A questão é que eu queria escrever e falar sobre temas mais profundos. Parte de mim queria ser prático e investir na área de desenvolvimento administrativo, porém a voz interior que me levara a escolher o clero como primeira profissão me dizia que era mais importante explorar o sentido da vida e a sabedoria.

O fato de ter incorporado ao meu trabalho corporativo assuntos pessoais, relações afetivas e a questão da responsabilidade com as futuras gerações, não só favoreceu o meu sucesso como proporcionou uma enorme satisfação por estar sendo fiel a mim mesmo. Tudo isso é parte do que me levou a realizar este projeto. Como imaginava, o sucesso ou o fracasso de alguma forma tornaram-se menos relevantes. Como dizia meu avô, "cansaço bom" é aquele que sentimos quando somos fiéis a nós mesmos e "cansaço ruim" pode acontecer até quando, aparentemente, estamos vencendo.

Isso leva a uma pergunta óbvia. Para seguir a voz do coração é preciso dar uma reviravolta na vida e tomar uma direção completamente diferente? Em alguns casos sim, é preciso fazer uma mudança radical. Ron, por exemplo, trocou a medicina pela quiroprática. Contudo é mais comum que as pessoas façam pequenas mudanças e pouco a pouco se integrem ao seu verdadeiro caminho.

Tom, o homem que caiu num buraco do gelo quando adolescente, não desistiu do seu trabalho diário quando percebeu, aos 30 anos, sua vocação espiritual. Começou aprendendo a conduzir cerimônias de cura e foi aos poucos dedicando mais tempo a esse trabalho. Família à parte, liderar essas cerimônias tornou-se a parte mais importante de sua vida, ainda que jamais tenha sido esse seu principal meio de sustento. O trabalho de cura aos poucos se tornou a sua vida.

Jackie, 66 anos, ingressou na carreira bancária jovem. Por volta dos 40 anos, participou de um seminário sobre trabalho em equipe no qual os participantes eram convidados a se apresentar dizendo o motivo por que haviam ingressado na carreira bancária. Quando chegou a sua vez, ela disse que era bancária há 25 anos, mas que seu sonho era ser professora. "A área de negócios era paixão de meu pai", explicou.

As palavras saíram sem ela saber de onde e a surpreenderam pela clareza. "Foi um choque para mim. Não é que eu não gostasse de trabalhar em banco, mas sempre soube que alguma coisa estava faltando", diz. Nas semanas seguintes ela analisou suas opções. Tinha uma ótima carreira no banco e um estilo de vida construído em torno daquele trabalho.

Em vez de pedir demissão, Jackie começou a trabalhar como professora voluntária nos fins de semana, em um centro para crianças. Logo descobriu que o banco onde trabalhava patrocinava uma organização para crianças com dificuldade de aprendizagem. Pediu transferência e, após um tempo, tornou-se a principal responsável daquela instituição e chegou a participar de três missões na África como parte do trabalho. Por ter chegado à conclusão de quanto o magistério era importante em sua vida, ela conseguiu acrescentar essa atividade ao seu cotidiano.

Essas decisões às vezes são difíceis e desgastantes. Meu amigo Gus, por exemplo, adora fotografar, mas ganha a vida como administrador de obras. Embora goste do trabalho que faz, fotografar a natureza tem sido seu álamo tremedor, tanto quanto ser guia espiritual o foi para Búfalo Branco. Algum dia Gus talvez abandone a área de construção e assuma a fotografia em tempo integral, mas pode ser que continue sendo apenas um hobby importante. O essencial é que ele sabe que só será feliz quando fizer da fotografia a atividade central de sua vida. É o seu *destino.*

O segredo que essas 235 pessoas me ensinaram foi *nunca deixar de perguntar a si mesmo se está seguindo o seu coração.* Aprendi também que se a gente continuar se questionando, aos poucos vai se aproximando do alvo e encontra a felicidade. As pessoas que selecionamos para essa pesquisa sempre se questionaram e nunca pararam de fazer pequenos ajustes, de modo a alcançar exatamente o que pretendiam. Ron, o homem que optou pela quiroprática, acha que todo mundo pode fazer as escolhas erradas, mas se estiver em dia consigo mesmo, chegará mais perto da pessoa que gostaria de ser.

Ser fiel a si mesmo não envolve apenas o lado profissional, familiar ou prático (o lugar onde vivemos, por exemplo). Tem a ver também com as "imagens" e os "momentos" de nossa vida — esses elementos igualmente precisam ser fiéis à essência de cada um.

Richard, 70 anos, teve uma experiência de quase morte aos 50 anos quando estava fazendo alguns exames em um hospital. Ele sofreu uma parada cardíaca e seu coração deixou de bater por algum tempo. Sua lembrança de "estar fora" do seu corpo observando os médicos e as enfermeiras tentando ressuscitá-lo é vívida. Segundo ele, dava para ouvir o som do monitor e a voz do médico dizendo "Richard, fique conosco, venha cá, fique conosco".

Richard sempre ouviu dizer que quando a pessoa está morrendo sua vida passa diante dos seus olhos. "Descobri que não é a vida inteira, mas imagens de situações e fatos que me fizeram bem, como se eu tivesse sido honesto comigo. Desde esse momento não tive mais medo da morte. Sinto que se as imagens são reconfortantes, não é preciso ter medo", diz. Imagino que isso é o que todos esperam saber no fim da vida — que foram fiéis a eles mesmos.

A experiência de Richard me fez pensar sobre a minha própria vida. Fechei os olhos e tentei imaginar os momentos que passariam diante de meus olhos. De que me arrependeria? O que desejaria encontrar dentre aquelas imagens que ainda não estão ali?

Uma das coisas que precisamos fazer para ser autênticos é ter disciplina e realmente ouvir o que diz o coração. Isso significa fazer a si mesmo as perguntas importantes. Uma das coisas que as pessoas selecionadas como sábias têm em comum é o hábito de refletir regularmente sobre a vida. No entanto, estamos em geral tão ocupados que não temos tempo para ouvir nossas vozes interiores.

Antes de minha mulher sofrer um derrame, eu levava uma vida muito ocupada: dirigindo empresas, criando os filhos, assistindo televisão, fazendo viagens, ganhando dinheiro, comprando coisas, escrevendo livros, e assim por diante. A agenda não parecia ser tão cheia na época, mas o derrame me obrigou a diminuir o ritmo e, quando fiz isso, comecei a escutar. Ou seja, comecei a depender de minha mulher, e ela de mim, de uma forma que nunca acontecera antes e aos poucos deixamos para trás coisas que não eram importantes. Às vezes é preciso ser forçado a ficar quieto para ver as coisas com maior clareza.

Às vezes, o universo nos obriga a escutar

Meu amigo David estava com 30 anos quando o universo o forçou a parar e escutar. Ele era editor-chefe de uma grande revista de negócios e levava uma vida frenética. A agitação era tanta que ele não conseguia tempo para se questionar se estava vivendo a vida que de fato queria. Um dia, estava sentado à sua mesa quando sentiu uma pressão no peito que logo se tornou uma montanha em cima dele. Na sala de emergência do hospital, já deitado e ligado aos monitores, ele pensou em sua vida. Imobilizado e sem ter o que fazer, ele enfim refletiu sobre o estilo de vida que estava levando e fez um trato com o universo: se passasse daquela noite, mudaria.

Pediu lápis e papel à enfermeira e, sob a luz velada do ambiente hospitalar, escreveu cinco ações para mudar seu estilo de vida.

- Divertir-me mais
- Adotar uma criança
- Retribuir o que recebo
- Reservar mais tempo para a família
- Fundar uma instituição não governamental

David não morreu naquela noite, mas viu sua vida passar diante dos seus olhos. "Não achava que a minha vida inteira havia sido errada, mas sabia que era importante ouvir o coração e eu não estava fazendo isso", conta. "A boa notícia é que não morri, mas a má notícia é que tenho uma lista de coisas para fazer." O universo o obrigou a refletir e a ter a disciplina de ouvir. Agora, ele precisava ter coragem para agir.

E o que dizer daquelas cinco resoluções que ele havia escrito numa folha de papel? Ele se deu conta de que estava trabalhando demais e que precisava de mais tempo para se divertir, que o seu sonho de adotar uma criança era importante demais para ser protelado, que desejava passar mais tempo com a família e que precisava "fundar uma instituição".

David passou a levar a lista a toda parte e ao longo de dois anos foi colocando em prática as promessas feitas no hospital. Adotou um filho, começou a se divertir mais, mudou-se para perto de sua família e fundou uma instituição com o nome do seu pai.

Com certeza não é preciso ficar doente para elaborar uma lista de resoluções de "vida nova". Ela pode ser feita em qualquer dia e a qualquer hora. Os nativos do Pacífico têm um ditado que diz "Hoje é um dia bom para morrer", ou seja, hoje é um dia bom para viver plenamente. Se você estivesse deitado naquela cama de hospital, qual seria a sua lista? Experimente.

George, o professor de física que disse ter notado uma enorme diferença entre os estudantes que seguiram seu coração e os que não o fizeram, tem uma dica importante. "Sempre dizia aos meus alunos para não acumular tarefas e que não adiantava deixar para estudar a matéria do semestre na última semana de aula. Muitos dizem que um dia irão seguir o coração e ser a pessoa que querem ser neste mundo. Se há alguma coisa que você precisa fazer, comece já. Se seguir o seu coração, as coisas vão funcionar", garante.

O primeiro segredo, portanto, é *Seja fiel a si mesmo.* Estas quatro perguntas o ajudarão a viver este segredo.

• Esta semana (ou este dia) foi o meu tipo de semana (dia) ideal? O que tornaria o dia de amanhã ou a próxima semana mais adequados aos meus propósitos na vida?

• Tenho sido o tipo de pessoa que desejo ser? De que forma posso parecer mais com a pessoa que desejo ser?

• Será que estou seguindo meu coração neste momento? O que faria de diferente se seguisse o que diz o meu coração neste momento?

• Preciso viver este segredo de forma mais intensa na próxima semana. Como fazer isso?

CAPÍTULO 4

Segundo segredo: viver sem arrependimentos

Dominar o medo é o começo da sabedoria.

Bertrand Russel

As lágrimas mais amargas derramadas sobre os túmulos são por palavras não ditas e atos não concretizados.

Harriet Beecher Stowe

Qual é a única coisa de que NÃO podemos nos arrepender no fim da vida? Não sei como teria respondido a essa pergunta antes de participar das entrevistas para este livro, mas estou certo de que a resposta seria diferente. De acordo com minha experiência, não é a morte que mais tememos. Quando a pessoa desfruta de uma vida plena e realizada, em geral aceita a morte com tranquilidade. O que ninguém deseja é a sensação de não ter vivido o máximo possível e de chegar ao final da vida dizendo que "gostaria de ter feito isso em vez daquilo". O arrependimento é o tipo de sentimento indesejável.

Por isso, se você quiser encontrar a verdadeira felicidade e o propósito da vida, precisa adotar o segundo segredo: *viver sem arrependimentos*. Para isso, tem de ter coragem e buscar o que deseja em vez de fugir do que o amedronta. Para viver sem arrependimentos é necessário superar as inevitáveis decepções que a vida traz.

Nas 235 entrevistas que realizamos, pedimos a cada um dos participantes para falar sobre as etapas difíceis de suas vidas e sobre as decisões sobre qual caminho seguir (e como essas opções influenciaram as mudanças que ocorreram em suas vidas). Ao refletir sobre esses momentos de decisão, a maioria lembrou dos riscos que correu. Todos tiveram de se arriscar e enfrentar o medo para alcançar seus objetivos. É evidente que no fim da vida ninguém *se arrepende* de ter tentado alguma coisa e fracassado, embora a maioria tenha dito que achava não ter se arriscado o bastante.

Saber que provavelmente nos arrependeremos daquilo *que deixamos de tentar* pode ter um efeito significativo sobre as decisões que tomamos. O fracasso, ao que parece, não é o que atormenta a maioria das pessoas e sim a escolha realizada. Na realidade, muitos entrevistados disseram que o que chamamos de "erros" com frequência são momentos de profundo aprendizado.

Uma maneira de formular essa ideia é pensar que *não é possível garantir o sucesso na vida,* uma vez que qualquer tentativa envolve em si a possibilidade de fracasso. Se amamos, estamos nos arriscando a ser rejeitados. Se seguimos um sonho, existe a possibilidade de não alcançar o objetivo. Se, por um lado, não existem garantias para o sucesso, o fracasso é algo que pode ser garantido — *simplesmente pela escolha de não tentar.* Optar por correr um risco, por menor que seja, pode ter implicações de amplas consequências no curso de uma vida.

Viver sem arrependimentos significa arriscar mais

Donald, 84 anos, era formado em psicologia e tinha uma vida rica e significativa para relembrar, com poucos arrependimentos. Uma de suas maiores fontes de felicidade havia sido o casamento de 56 anos (sua esposa falecera seis anos antes da entrevista). Quando lhe perguntei sobre as grandes "encruzilhadas" da vida, ele voltou no tempo (mais precisamente, há 62 anos) e reviveu um baile dos seus tempos de faculdade. "Eu era muito tímido, principalmente quando se tratava de falar com garotas. No primeiro ano de faculdade, estava numa festa e avistei uma linda jovem do outro lado da sala. Ela usava uma suéter creme, tinha cabelos lisos e um sorriso maravilhoso. No momento em que a vi senti que era com aquela mulher que eu ia me casar", conta.

Quando o jovem Donald olhou em volta, viu que aquela era a garota mais popular, o que significava que ela dificilmente conversaria com rapazes tímidos, muito menos dançaria com eles. O risco de ser ridicularizado era tão grande quanto a possibilidade de ser rejeitado. "Engolindo em seco, caminhei diretamente para ela e disse que ela era a mulher com quem eu ia me casar. Isso soou como uma novidade aos seus ouvidos, mas não causou nenhum impacto espetacular. De qualquer forma, ela dançou comigo", relembra. "Nas semanas seguintes tive que persegui-la um pouco até que ela percebesse que aquela dança iria durar a vida inteira."

Uma decisão tão insignificante — de se arriscar ao fracasso tentando alcançar o que queria — feita aos vinte e poucos anos veio a ser uma das mais importantes de toda a sua vida. O casamento definiu a sua vida de várias maneiras, tanto que seis anos após a morte da esposa ele ainda dizia que não havia um dia em que não sentisse sua presença ao seu lado.

Tentei imaginar o que teria acontecido se o medo do constrangimento houvesse vencido naquele dia. E se Donald houvesse selado seu fracasso deixando de agir? Aos 84 anos, ao olhar para trás não iria se arrepender de não ter cruzado a sala para tentar?

É claro que nem todo pequeno ato de coragem acaba determinando nossa vida ou sendo um momento decisivo na busca pela felicidade, mas já que não podemos saber de antemão os riscos que valem a pena, temos sempre que nos movimentar na *direção do que desejamos,* ao invés de nos *afastarmos por medo.*

Talvez seja preciso escolher entre *viver com medo ou focar no que queremos.* Sempre que decidimos não correr riscos estamos nos afastando do verdadeiro eu. Sempre que optamos por não seguir na direção daquilo que queremos, estamos plantando as sementes para um futuro arrependimento.

Um dos depoimentos mais comoventes foi o de Maria, 71 anos. Ela contou que vinha escrevendo seis livros diferentes durante as últimas décadas, mas nenhum deles estava terminado. Estavam em seu computador, cada um em uma etapa diferente. "Toda minha vida deixei as coisas por terminar. Pensava que apenas as estivesse protelando, mas quando reflito sobre isso, acredito que não terminei esses livros porque se chegar ao fim, terei que deixar alguém ler e, se permitir que alguém os leia, talvez ouça que não tenho talento para escrever. Suponho que é o medo da rejeição que tem me impedido de terminar", admite.

Fiquei comovido. O medo da rejeição a impedia de terminar os livros que tinham estado dentro dela toda sua vida. É claro que seus livros poderiam não agradar, mas é difícil imaginar coisa pior do que morrer com sua história presa a você. Mas muita gente age da mesma forma. *Por medo da rejeição ou do fracasso, por não termos certeza se teremos sucesso, morremos com o nosso livro, nossos sonhos, nossas histórias dentro de nós.*

Quando pergunto sobre arrependimentos e riscos, as pessoas costumam relatar não apenas as suas próprias experiências, mas também observações sobre a vida dos outros. Quem tem uma vida longa naturalmente acompanha a vida de muitas outras pessoas, daí a chance de que os segredos da boa vida se revelem nessas histórias.

Paulo, 76 anos, teve uma carreira bem-sucedida como consultor, tendo viajado a trabalho por mais de 70 países. Tinha muitos amigos e foi casado durante muitos anos. "Trabalhei com altos executivos durante cinquenta anos e descobri que, para muitas pessoas idosas, o maior arrependimento é *não* ter tomado uma determinada atitude ou não ter aproveitado uma determinada chance", afirma.

A verdade é que as pessoas se arrependem daquilo que deixaram de fazer muito mais do que daquilo que fizeram. O maior medo é o de não ter se arriscado e ter cometido algum erro. O barbeiro Ken, 63 anos, contou uma história parecida. "Tinha um casal na cidade e o marido teve câncer, morrendo num período de tempo relativamente curto. A esposa se arrependia por não ter viajado e feito muitas das coisas que sonharam fazer juntos. Este é o grande medo que temos da vida, de tê-la perdido."

Quando perguntamos às 235 pessoas o que fariam se pudessem voltar no tempo, uma das respostas mais comuns foi arriscar-se mais. Como me disse Craig, 60 anos: "O que a gente deseja não é o risco físico e sim o emocional, o que significa buscar realizar mais o que deseja na vida", explica.

Às vezes as pessoas identificavam momentos de risco como sendo fundamentais para a conquista da felicidade. Joana, 60 anos, por exemplo, falou de uma oportunidade de trabalho que surgiu quando tinha 50 anos. Seu emprego anterior a fazia participar ativamente do cotidiano da comunidade hispânica, mas quando ela decidiu sair da empresa e ao mesmo tempo mudar da casa onde vivera 27 anos, sentiu-se de repente "perdida, vagando no deserto".

Mudar de emprego e de casa e ampliar sua atuação para uma comunidade muito mais ampla lhe dava a sensação de ter extrapolado os seus limites pessoais. "Passei toda minha vida em minha própria comunidade, nunca havia estado diante de um público totalmente de brancos, por isso me senti como uma novata", revela, admitindo, no entanto, que o desafio foi um fator importante para sua realização. "Isso abriu os meus horizontes e agora percebo que, se não tivesse me arriscado, um mundo inteiro nunca teria se aberto para mim."

Joana continuou a escrever livros sobre liderança intercultural, o que provavelmente jamais teria feito na segurança de seu mundo anterior.

O segredo de não se arrepender

Como assumir mais riscos para conseguir o que deseja? Como viver sem lamentar o que deixou de fazer?

Talvez a história mais impactante tenha sido a da professora de 70 anos que cresceu na Alemanha durante a Segunda Guerra Mundial. Ao relembrar os fatos de sua vida, ela contou que os momentos mais importantes foram aqueles em que teve de agir com coragem e não com medo. Como depois da guerra a situação na Alemanha era muito difícil, ela decidiu imigrar aos 22 anos. Mudou-se para o Canadá e começou uma nova vida. Não conhecia ninguém e nem sabia falar a língua do país. Disse-me que, embora fosse uma decisão muito arriscada na época, aquele foi *o* momento decisivo de sua vida.

Quando perguntei como procedia em situações assim, disse que sempre que enfrentava uma situação difícil, tratava de analisá-la. Primeiro imaginava o maior benefício que poderia ter ao assumir aquele risco e depois todas as coisas que poderiam acontecer se a empreitada desse certo. Para evitar decepções, pensava na pior coisa que poderia acontecer se decidisse correr o risco e se perguntava se seria capaz de suportar o pior. A resposta era sempre positiva.

Elsa sabia que a mudança para o Canadá poderia não dar certo. "Se eu tivesse dificuldade em conseguir um emprego, poderia acabar sozinha e sem dinheiro. Nesse caso, tinha a opção de voltar para casa, mas sempre focava na possibilidade de começar uma vida nova, de fazer novas amizades, quem sabe até casar e ter filhos", descreve, lembrando que mantinha essa imagem bem nítida na sua mente. "Sempre que começava a fraquejar, pensava no objetivo pelo qual estava lutando. Sabia que não tentar era muito pior que as consequências de fracassar."

Muita gente se comporta de forma oposta. Quando se defronta com uma situação de risco, pensa logo no pior e mantém essa ideia fixa. Talvez este seja o motivo que levou Donald a se aproximar daquela jovem numa festa de faculdade. Ele sabia que poderia lidar com o constrangimento, mas não com a insatisfação de se afastar da mulher com quem sentia que poderia se casar.

Com May, aquela senhora de 70 anos com seis livros por terminar, acontecia a mesma coisa. Se ela se concentrasse nos benefícios que teria com a finalização dos livros, na sensação de realização que teria, talvez conseguisse superar o temor do fracasso. Tenho certeza de que podemos suportar as tintas da rejeição em nossas paredes, o difícil é chegar ao fim da vida desejando ter terminado um livro ou ter feito as viagens que sempre sonhou. Essa, sim, é a pior das possibilidades.

Quando eu morava em Nova York, no auge da Guerra Fria, a ameaça de uma guerra nuclear era bastante real. Estava no ensino médio quando John Kennedy foi assassinado. Lembro-me dos treinamentos mensais de ataques aéreos na escola e dos filmes que passavam sobre testes nucleares com casas explodindo e desaparecendo. Ou seja, da preparação para a chegada "da bomba". Até hoje lembro da sensação de medo, de um dia estar sentado em minha mesa escolar e saber que a vida que eu conhecia estava prestes a acabar.

Quando soava o sinal para treinamento de ataque aéreo, a professora mandava que todos ficássemos embaixo de nossas mesas. Imediatamente me ocorria que a minha velha mesa de madeira fixada no chão não servia de grande proteção. Uma vez, um amigo chamado Kenny se aproximou da janela enquanto o resto da turma se protegia sob as mesas. A professora mandou que ficasse embaixo de sua mesa. Kenny respondeu que já que seria atingido de qualquer jeito, achava melhor ficar de pé e ver a explosão.

Muitas pessoas ficam a vida inteira escondidas embaixo da mesa, acreditando que o fracasso e a rejeição são o pior que nos pode acontecer. Contudo, creio que o *que mais devemos temer é o arrependimento por não haver tentado.*

Escolha o caminho que der a melhor história

Como evitar viver uma vida de arrependimentos? Na introdução deste livro citei Margaret e seu método de se imaginar uma velha senhora sentada em sua cadeira de balanço pensando na vida. Deena Metzger, escritora e guia espiritual, diz o seguinte: "Escolha o caminho que levar à melhor história." Essa é uma maneira interessante, embora simples, de viver sem arrependimentos. Olhar constantemente adiante e se perguntar: *Será que vou me arrepender dessa decisão?* Será que no futuro vou me lamentar da maneira como estou vivendo atualmente?

Quando jovem tive muitas oportunidades de fazer coisas interessantes. Ao escutar as histórias de vida de meus entrevistados, percebi que alguns dos meus arrependimentos mais significativos têm a ver com as oportunidades que recusei, quase sempre por medo. Um desses momentos ocorreu quando ainda estava no seminário e recebi propostas em duas ocasiões para passar o período de verão como pastor nos parques nacionais de Grand Teton e de Shenandoah.

A natureza sempre ocupou um lugar especial no meu coração, mas eu cresci em uma cidade grande e nunca tive oportunidade de passar um tempo significativo no campo. A ideia de trabalhar em um parque era atraente e, no fundo, eu sabia que aquela experiência seria inestimável. Entretanto, estava namorando e me preocupei com a separação de alguns meses. Até hoje acredito que se tivesse conseguido me imaginar mais velho, sentado numa cadeira de balanço na varanda, teria dito a mim mesmo: "Se o relacionamento é forte, a ausência será superada, mas você ama a natureza e jamais lhe será oferecida esta chance outra vez." O namoro não durou muito mais e a oportunidade nunca surgiu novamente.

No ano passado um grande amigo me convidou para viajar por um mês pela África Oriental com mais 15 homens de meia-idade para conhecer idosos tribais e acampar na savana. Para mim, era um sonho se tornando realidade, embora as datas coincidissem com a época mais ocupada do ano para mim. Teria de recusar um razoável volume de trabalho para poder viajar, mas, desta vez, decidi consultar aquele velho senhor da varanda. E ele me disse: "Quando você tiver a minha idade, não vai sentir falta do dinheiro que perdeu este mês, mas vai guardar a África em seu coração."

A viagem foi simplesmente fantástica. Pude observar diversas culturas fascinantes e vivenciar a impressionante solidão do deserto. Senti falta dos meus familiares, o que me fez pensar no quanto eles são importantes para mim. Na Tanzânia, conversei com os idosos de várias tribos e desenvolvi a ideia desse projeto. Minha preocupação com os compromissos que "enchiam" minha agenda quase impediu uma das experiências mais importantes da minha vida.

As conversas que tive na Tanzânia me ensinaram o segundo segredo, que é não deixar de lutar pelo que deseja na vida, porque é pouco provável se arrepender de ter tentado e não ter tido sucesso. Outra lição importante: se existe um relacionamento que precisa ser reatado, faça-o já.

Quando perguntamos às pessoas sobre os arrependimentos de sua vida, a maioria cita questões não resolvidas, palavras não ditas e relacionamentos rompidos e jamais recuperados.

Viva como se o seu tempo fosse curto

No decorrer dos anos, dirigi muitos retiros para desenvolvimento pessoal e liderança junto com meu amigo David Kuhl, médico e escritor de talento. Durante os workshops, conduzíamos um exercício em que as pessoas tinham de se imaginar com apenas seis meses de vida. Não estava claro se esses meses seriam saudáveis ou difíceis. Depois, definíamos um prazo de seis meses para que a seguinte tarefa fosse realizada: "Façam de conta que vão morrer daqui a seis meses e escolham cinco coisas que não podem deixar de ser feitas nesse período."

Um silêncio tenso e constrangedor quase sempre enche a sala. Quando as pessoas começam a escrever o que precisam fazer naqueles seis meses, a maioria cita relacionamentos que devem ser reatados e, às vezes, sonhos há muito acalentados. Com a lista em mão, perguntamos: "Se o que consta na lista precisa ser feito, não é o caso de fazê-lo no tempo que lhe resta?"

O que não foi dito, mas é óbvio para todos, é que já nos comportamos dessa forma, como se tivéssemos apenas seis meses de vida. Para viver sem arrependimentos, o importante é perguntar a si mesmo como viveria se tivesse apenas esse curto período de tempo.

Bob, que é biólogo e tem 59 anos, diz não ter arrependimentos com relação a pessoas. "Até certo ponto meus pais e eu éramos muito distantes. Eles não aprovaram o meu casamento e me expulsaram de casa dizendo que já tinha feito a minha escolha e podia ir embora", conta. "Durante muitos anos ficamos distantes, mas eu fiz questão de superar os desentendimentos. Muita gente deixa essas coisas passarem e no final da vida elas perseguem você. Temos que tentar superá-las"

Lucy, 70 anos, viveu afastada da sua mãe durante muitos anos.

"Desejaria ter me aproximado dela mais cedo e tentado demonstrar o meu amor. Esse é o meu conselho: se quiser dizer alguma coisa, diga o quanto antes, mesmo que ainda não esteja preparada", afirma.

Num dos muitos retiros que organizei, falei sobre o arrependimento e o grande número de relacionamentos que precisam ser sanados. Pedi que cada participante escrevesse o nome de alguém distante e / ou ressentido. Depois, solicitei que imaginasse a si mesmo idoso e sentado em uma varanda, e então perguntei: o que desejava que houvesse ocorrido com aquela pessoa?

Algumas semanas depois, recebi uma carta da participante Betty. Ela dizia que não falava com o filho há quase 20 anos. Uma pequena ofensa, após anos de negligência, havia se tornado uma grande mágoa. Nenhum dos dois havia procurado se entender. Depois de meu workshop, ela se imaginou velhinha e concluiu que estaria profundamente arrependida de não ter tentado recuperar aquele relacionamento. "Sabia que poderia viver com sua recusa à minha tentativa de aproximação, mas não poderia viver sem ter tentado", diz.

Betty então entrou em contato com o filho e lhe disse como se sentia: "Quase nem me lembro do que aconteceu entre nós, mas peço desculpas. Vinte anos é tempo demais para duas pessoas que já se tiveram nos braços", explica. Reconciliação feita, anos de mágoas foram deixados de lado, junto com os arrependimentos quase certos no final da vida de cada um.

Quando perguntei a Bob se ele tinha medo de morrer, ele disse que não se preocupava com a morte. "Quando partir, irei com um sorriso no rosto. Estou bem com a minha vida, com o meu legado e com a maneira como vivi", explica. Essa é a recompensa de uma vida sem arrependimento.

Não há vida perfeita. Não importa o cuidado que tivermos,

sempre haverá algo a lamentar sobre o que poderia ter sido e não foi. Ainda assim, essas pessoas sábias me mostraram como lidar com o arrependimento.

É melhor deixar os arrependimentos para trás

Não resta dúvida sobre a importância de não guardar mágoas e arrependimentos e de ser menos rígido consigo mesmo. John, que tinha quase 94 anos quando o entrevistei, fez algumas observações sábias sobre a questão do arrependimento. Ele havia passado os primeiros 35 anos de sua vida trabalhando como jornalista para o partido comunista no Canadá. Era idealista e sentia-se perturbado pela injustiça que via no mundo, daí sua dedicação ao trabalho partidário, o qual ele, como muitos outros na época, via como um veículo para a justiça social.

Com o passar dos anos, John começou a duvidar das metas do partido e também de seus métodos, mas continuou a trabalhar na esperança de que as coisas mudassem. Vislumbrou um raio de esperança quando trabalhou como editor de uma revista comunista internacional em Praga. Era o ano de 1968 e crescia na Tchecoslováquia o movimento reformista com vistas a um "socialismo de feição humanista". Mas esse movimento, também conhecido como Primavera de Praga, foi brutalmente destruído quando os tanques russos entraram em ação.

A fé de John no Partido Comunista foi esmagada junto com a esperança tcheca. Para ele, foi "a última gota d'água". Assim que retornou ao Canadá, saiu do partido. Entretanto, não se deixou abater pelo arrependimento.

Cheguei à conclusão que os 235 entrevistados não tiveram menos desapontamentos ou contratempos do que as outras pessoas — eles simplesmente lidaram com as dificuldades de forma diferente. É o caso de John. No princípio, ele tinha a esperança de fazer um mundo melhor, mas acabou se desiludindo. Quando isso acontece, é compreensível que a pessoa sinta arrependimentos e até se pergunte: será que desperdicei minha vida? "Estou mais rico com a experiência, embora às vezes me pergunte o que teria acontecido se eu tivesse tomado um rumo diferente. Mas não se pode viver com base no 'se', não é mesmo?", afirma. "Levei minha vida de acordo com o que ela me trouxe e tive muitos momentos felizes. Sempre soube, desde criança, que tinha um talento artístico inato, mas o meu trabalho não me permitia expressá-lo. Em Praga tive mais tempo livre, então frequentei um curso de desenho vivo e dei início a um hobby que tem dado um novo sentido ao terço final da minha vida."

Aliado ao hobby do desenho, John usou seu conhecimento em editoração para ingressar na área de publicações de saúde, atividade que realizou durante 15 anos. Também fez cursos de artes gráficas, com especialização em aquarelas, e assumiu a pintura como profissão depois que se aposentou. Se não fosse por essas idas e vindas, que poderiam ser vistas por alguns como razão para arrependimentos, muita coisa boa não teria acontecido na vida dele.

Elsa, 70 anos, disse-me que o melhor conselho que já havia recebido viera de sua filha: "Mãe, você só tem que sacudir a poeira e dar a volta por cima." Um traço comum entre as pessoas que foram identificadas por outras como sábias foi a sua capacidade de se reinventar. Não que elas sofressem menos decepções que as demais, mas se recusavam a permitir que os obstáculos vencessem.

Talvez o que quase sempre determine nossa felicidade na vida seja o passo dado depois de um contratempo. Dificuldades sempre irão existir e quase sempre exigem que nos arrisquemos outra vez. Por exemplo, amar depois de ter sido magoado ou esquecido, insistir mesmo após o fracasso ou a rejeição, ou, como no caso de John, simplesmente aceitar o fato de que estivera no caminho errado e recomeçar a vida. Depois de escutar todas as 235 histórias de vida, concluí que esse foi um traço comum entre elas.

Existe uma espécie de elegância sutil para os casos de arrependimentos. Há um ditado que diz que não podemos perdoar os outros sem antes perdoar a nós mesmos. Embora um dos cinco segredos seja não se arrepender, a maioria das pessoas tem alguns arrependimentos. Portanto, trate de se perdoar e saiba que na maioria dos casos fez o melhor que sabia fazer no momento.

É sinal de sabedoria ter um arrependimento e conseguir se desapegar dele. Uma diferença que observei entre os "idosos sábios" e as pessoas menos felizes que entrevistamos foi a maneira como lidavam com o arrependimento. As pessoas felizes estavam em paz com suas vidas, enquanto as infelizes remoíam esse sentimento e perdiam oportunidades na vida.

Contudo, os arrependimentos desempenham uma função positiva muito importante. Eles nos lembram do que realmente importa e, se os escutarmos, podem nos afastar de um poço de arrependimento mais fundo que pode estar logo adiante. Da mesma forma que lamento não ter trabalhado nos parques nacionais, sei que essa frustração me ajudou a dizer sim à viagem à África. É como consultar uma versão mais antiga de mim mesmo e saber o que deveria ter feito.

Jamais deixaremos de ter arrependimentos e de cometer erros, mas se consultarmos regularmente a versão mais antiga de nós mesmos, ficaremos menos propensos a deixar de cumprir a nossa missão no mundo.

Quando perguntei às pessoas entrevistadas se elas haviam corrido muitos riscos na vida, quase todas responderam "não". Talvez porque depois de viver muito a gente chegue à conclusão que havia bem menos a perder do que pensava. Quais as chances de se arriscar se soubesse que tinha apenas um ano de vida? Você está vivendo de forma segura, se escondendo embaixo da mesa ou em pé, ao lado da janela, só assistindo ao espetáculo? Se você olhar pela perspectiva de uma pessoa idosa sentada numa varanda, o que desejaria ter feito?

O segundo segredo é *não se arrepender de nada.* Veja as perguntas que você deve se fazer toda semana para ajudá-lo a viver este segredo:

• Tive medo de fazer algo no dia de hoje ou nesta semana? Preciso ser mais corajoso amanhã ou na próxima semana. De que forma?

• Tenho seguido minhas convicções? Preciso agir mais de acordo com elas nesta semana. De que forma?

• O que faria nesse momento se estivesse sendo corajoso e não covarde? Se fosse uma pessoa idosa relembrando o passado, o que faria de diferente nesse momento?

• De que maneira estou enfrentando os obstáculos? Estou indo adiante ou recuando?

CAPÍTULO 5

Terceiro segredo: agir sempre com amor

Amar é viver. E se você não ama, não vive.

Leo Buscaglia

Se você quer que os outros sejam felizes, tenha atos de compaixão.
Se você quer ser feliz, tenha atos de compaixão.

Dalai Lama

David, 70 anos, falou da experiência que teve quando seu pai estava morrendo. Com a família reunida para compartilhar seus últimos momentos, ele notou que seu pai não falara sobre sua herança. Não fez menção a carros, a casas ou a quaisquer outros bens que adquirira durante a vida. Em vez disso, cercou-se de fotos de momentos especiais: casamentos, nascimentos, viagens da família e eventos com os amigos. "No fim da vida, quando nos resta apenas um curto tempo, a única coisa que nos interessa realmente é o amor", concluiu. Durante muitos anos, David carregou com ele essa imagem e deixou que ela norteasse sua maneira de viver.

Leo Buscaglia, um escritor ítalo-americano de grande inspiração, disse certa vez que "amar é viver; portanto, se você não ama, não vive". As conversas que tenho tido mostram claramente que o amor (tanto o dar quanto o receber) é o alicerce fundamental de uma vida feliz e com bons propósitos. Nada mais óbvio, eu sei. Mas, quando pedi que as pessoas adivinhassem o que aprendi nas conversas com idosos, a maioria citou o amor como a maior fonte de felicidade e a maior fonte de arrependimento. Elas estavam certas.

Contudo, a lição mais importante que aprendi foi que não importa apenas *receber amor*. O segredo para encontrar felicidade e um propósito na vida é também *ser uma pessoa amorosa*. Portanto, o terceiro segredo que precisamos descobrir antes de morrer é dar e receber amor, ou melhor, *agir sempre com amor*.

Optando pelo amor

Quando digo que precisamos agir sempre com amor, é necessário fazer uma distinção entre a *emoção do amor* e a *opção do amor*. Considerado em nossa sociedade apenas como uma emoção, dizemos que "estamos amando loucamente", que "amamos golfe e pizza", que "amamos nos divertir" e assim por diante, numa referência direta à emoção de sentir amor.

No entanto, comecei a perceber que quando as pessoas falam de como o amor era fundamental em suas vidas, definiam o amor mais como escolha do que como emoção. O segredo para ter felicidade e um propósito na vida era optar por ser uma pessoa amorosa e *transformar-se em amor*. Embora não tenhamos a capacidade de "sentir" amor a nosso bel-prazer, onde e quando quisermos, podemos sempre optar por agir com amor.

Esse segredo pode ser vivido de três maneiras. Primeiro, amando a si mesmo. Segundo, sendo amoroso com aqueles que estão mais próximos (familiares, amigos e outros). Finalmente, agindo com amor em todas as interações.

Paul, 73 anos, era um homem de negócios aposentado e contou-me logo no início de nossa entrevista que tinha câncer. Também falou que trabalhava como voluntário em um hospital, o que significa que passava horas ao lado de pessoas no fim da vida, ajudando a confortá-las da melhor forma possível. Mesmo sendo portador de uma enfermidade potencialmente terminal, ele passava seus dias confortando os que estavam morrendo.

Falou-me da experiência que teve com um homem com câncer no rosto. Quando se apresentou para assumir o seu turno, o acompanhante a quem ele iria substituir puxou-o para o lado e disse que o rosto dele estava bastante desfigurado e que estivesse preparado porque poderia ter uma reação quando o visse. "Quando entrei no quarto e olhei para o rosto do paciente, verifiquei que estava não só deformado como cheio de ferimentos. No início, senti uma sensação de horror, mas depois eu disse a mim mesmo que, embora estivesse sentindo repugnância, podia optar por dar amor àquele homem", conta.

Naquele momento, Paulo optou por vê-lo com um olhar amoroso. "Pude perceber a beleza que havia dentro daquele homem deformado. Vi que seu espírito se iluminou porque, creio que no subconsciente, ele sentiu que eu havia optado por tratá-lo com amor. O poder do amor é de fato transformador. Mas o amor a que me refiro não é a emoção de sentir amor; *é optar por ser uma pessoa amorosa.*"

Quando escrevo a respeito do terceiro segredo, que é *agir sempre com amor*, refiro-me não à sensação do amor, mas sobre a escolha de amar.

Amar a si mesmo em primeiro lugar

Uma maneira de viver este segredo é optando por amar a si mesmo. Se você não se considera digno do amor, não pode ser feliz. Amar a si próprio é fundamental para ser saudável espiritualmente. Para algumas pessoas, esse tipo de sentimento surge de maneira natural, graças à educação que receberam, mas para muita gente é uma conquista difícil.

Elsa, 71 anos, tem muito a me ensinar sobre o amor. Criada na Alemanha em plena Segunda Guerra Mundial, teve uma infância muito difícil, pois seu pai era oficial do exército alemão. Embora tivesse dois irmãos mais velhos, ele sempre quis uma menina, então quando Elsa chegou ele a cobriu de amor e carinho. Mas Elsa perdeu o pai quando tinha 5 anos e a sensação mais forte desde então foi o desamor de sua mãe. "Lembro-me de não me sentir muito amada por minha mãe quando era criança. Parecia que ela gostava mais dos meus irmãos do que de mim", afirma.

Mais tarde, Elsa descobriu que não era sua imaginação. "Quando meu pai abandonou minha mãe, ela transferiu seu ressentimento para mim", explica. "A certa altura percebi que se eu não podia ter amor, tinha que 'agir sempre com amor'. É difícil explicar, mas assim como percebi que não podia mudar o que os outros sentiam por mim, percebi também que tinha absoluto controle sobre mim mesma. Senti que se fosse afetuosa com as pessoas, elas retribuiriam. Embora eu não saiba explicar muito bem, houve uma transformação quando decidi agir com amor em vez de buscar amor."

A história de Elsa nos faz lembrar que temos pouco controle sobre o ato de receber amor, mas grande poder para dar. Não importa a maneira como somos tratados pelos outros, o ato de dar amor nos transforma e um exemplo disso se encontra na vida de pessoas como Nelson Mandela, que foi injustamente preso durante várias décadas, mas optou pelo amor. Sua escolha ajudou a iniciar a transformação na África do Sul.

A história da humanidade é repleta de pessoas que escolheram o contrário, que passaram de oprimidas a opressoras (sejam nações ou famílias). Acima de tudo, a história nos mostra que para dar amor é preciso ser amoroso consigo mesmo. Um dos caminhos mais importantes para conseguir amar a si mesmo é sendo cuidadoso quanto ao tratamento que dispensamos a nós mesmos. Dizem que somos aquilo que comemos, mas do ponto de vista espiritual, somos o que pensamos. O ser humano tem, em média, cinquenta mil pensamentos por dia, uma conversa interna intensa e ininterrupta. Todo mundo conversa consigo mesmo o dia inteiro.

A maior parte de nossos pensamentos é positiva, mas alguns têm um grande impacto sobre a maneira como cada pessoa se vê. Toda vez que falamos "Sou um fracassado", "Não sou simpático", "Não sou atraente", "Tenho que provar para os outros que sou bom nisso", "Estou gordo", "Não sou um bom pai" ou "Não sou uma boa pessoa" estamos cometendo atos que destroem o amor-próprio.

Lee, 78 anos, passou a vida tentando entender o cérebro humano e o modo como nossos próprios pensamentos nos influenciam.

"Quando somos jovens, muitas vezes somos inspirados por uma espécie de visão envenenada do nosso eu. Isso aconteceu comigo", afirma. "Mas nossos pensamentos têm o poder de sair desse estado hipnótico e escolher entre plantar flores ou ervas daninhas. O subconsciente trata cada pensamento como uma súplica."

Quando ele me disse isso, percebi que a maioria das pessoas que estava entrevistando, pessoas que haviam sido apontadas como sábias, passavam boa parte de seu tempo plantando flores. Elas acreditavam na força dos pensamentos que escolhemos cultivar. Lee chamava isso de "plantar flores ou ervas daninhas". O amor-próprio remete ao modo como alimentamos nossas mentes. Não há dúvida de que é possível ter controle sobre essa conversa interna.

O pai de Pravin, um dos entrevistados, teve um grave distúrbio mental e terminou cometendo suicídio. Durante muitos anos Pravin sentiu-se responsável pela enfermidade do pai. Achava-se indigno de uma vida normal, pois temia um dia se tornar doente também. Só a maturidade o fez compreender que havia gasto grande parte de sua energia tentando provar que era merecedor. E, mais: que havia plantado ervas daninhas diariamente em seu subconsciente, pois cultivava apenas pensamentos de desconfiança.

Após um período de reflexão, ele se deu conta de que podia escolher outra atitude, a de amar a si mesmo e não se permitir pensamentos depreciativos. Cada vez que começava a se autodesvalorizar e a se sentir culpado pela doença do pai, ou ainda a pensar que se tornaria igual a ele, Pravin se esforçava para substituir esses penamentos por outros que o enalteciam. Demorou algum tempo, mas ele conseguiu se libertar das ideias fixas.

Todo mundo tem capacidade de substituir ideias destrutivas

por outras mais positivas. Em vez de pensar "Sou responsável pela doença de meu pai", opte por "a doença não foi culpa de ninguém e eu não poderia ter mudado essa situação". Pravin conseguiu trocar a expressão fatalista "Vou ficar igual a meu pai" pela mensagem otimista "Não sou como meu pai e vou dirigir o meu próprio destino".

À primeira vista, este enfoque pode parecer por si só evidente e não merecer discussão, mas é surpreendente o número de pessoas que alimentam pensamentos derrotistas e que tratam a si mesmas com desamor ou desprezo. Há uma lenda maravilhosa dos índios Navajo sobre isso. Um velho Navajo conta a seu neto que às vezes tem a sensação de que existe uma luta dentro dele, como uma luta entre dois lobos. Um lobo é mau e representa os sentimentos de raiva, inveja, tristeza, arrependimento, ganância, arrogância, autopiedade, culpa, ressentimento, inferioridade, superioridade, do medo de curar o corpo e a alma, medo do sucesso, medo de verificar se o que os outros dizem é verdade, medo de andar com os sapatos dos outros e ver lampejos da realidade deles em seus olhos e em seus corações, usando desculpas vazias que o seu coração sabe serem falsas.

O outro lobo é bom e representa a alegria, paz, amor, serenidade, humildade, bondade, empatia, o cuidado com aqueles que lhe ajudaram mesmo que seus esforços nem sempre tenham sido positivos, a disposição de se perdoar e perdoar aos outros, e o entendimento de que seu destino está em suas mãos. O neto reflete sobre o que ouve e pergunta qual lobo venceu. "O lobo que escolhi para alimentar", responde o avô.

O amor como prioridade

A primeira parte do segredo deste capítulo é alimentar o lobo certo dentro de nós. A segunda parte é agir amorosamente em relação aos entes queridos e fazer com que os relacionamentos afetuosos sejam uma prioridade em nossa vida. Quando questionadas sobre suas maiores felicidade na vida, as pessoas geralmente se referem aos cônjuges, filhos, pais e amigos. Na prática, as que procuram desenvolver relacionamentos pessoais mais profundos são mais felizes. Se perguntadas sobre seus arrependimentos, a tendência é apontarem para os relacionamentos, seja porque faltou atenção ou o amor que as pessoas mereciam.

Anos atrás, quando trabalhava como pastor, ouvi de um velho amargurado as seguintes palavras: "Passei a maior parte da minha vida valorizando coisas materiais. As pessoas sempre vinham em um longínquo segundo lugar nas minhas prioridades. Agora eu sei que o meu BMW não vem me visitar no asilo."

Uma surpresa agradável foi comprovar que inúmeras pessoas indicavam um dos pais como a pessoa mais sábia de sua vida (espero que um dia os meus filhos digam a mesma coisa de mim). Ken, 62 anos, por exemplo, foi indicado por seu filho, um executivo da área hospitalar. Seu e-mail dizia que o pai era "O" barbeiro de uma pequena cidade de Iowa. A ideia de falar com "O" barbeiro da cidade de certa forma me despertou curiosidade.

Ser barbeiro em uma cidade de cerca de quatro mil habitantes é como ser padre ou pastor, com a diferença que a profissão de barbeiro ultrapassa todas as crenças e fronteiras. A maioria das pessoas corta o cabelo de vez em quando e fica sentada algum tempo numa sala com outro ser humano, conversando e fazendo observações. “Havia outros 13 barbeiros em Waukon quando comecei, mas eu vivi mais tempo que todos eles e me tornei o único barbeiro da cidade”, conta.

Ken não apenas conhecia bem o que é uma vida realizada e com propósito como demonstrava ter sido um ótimo observador da vida alheia. Os segredos que dão à vida sentido e propósito, e os que os rouba dela, foram captados por ele. “Basta observar durante um tempo e imaginar o que faz as pessoas felizes. Percebi que, se a pessoa tem amor e o seu trabalho lhe fornece o propósito, então ela é feliz.”

Pelo visto Ken teve ambos: amor da família e dos amigos e um trabalho que lhe deu um profundo senso de realização. Para ele, o trabalho propiciou a oportunidade de servir aos outros e desenvolver amizades verdadeiras. Segundo ele, o melhor conselho que recebeu na vida foi dado por sua madrasta.“Haverá batalhas difíceis na subida do caminho e na descida, e todas elas fazem parte da vida. Não meça o sucesso por seu talão de cheques, as pessoas que têm influência em sua vida são o seu sucesso.”

O pai de Ken faleceu quando ele era muito jovem. Como era o mais velho dos quatro filhos, ele assumiu o papel de arrimo da família e se esforçou para ser um bom modelo. “Senti que deveria ser o pai que o meu pai gostaria de ter sido”, afirma. Como muitas pessoas ajudaram sua família, decidiu que iria tentar fazer pelos outros o que haviam feito por ele.

Como Ken, é preciso priorizar os relacionamentos afetivos. Essa é a razão pela qual a segunda parte deste segredo é valorizar as pessoas, cultivar amizades sólidas e não deixar de perguntar todos os dias se estamos agindo amorosamente para com aqueles que gostamos.

Parece fácil colocar as pessoas como prioridade e se comportar de maneira afetiva, mas a verdade é que muita gente ainda dá preferência às coisas materiais e não às pessoas. Com as ocupações cotidianas, acabam esquecendo de dar amor a quem está ao seu redor. Muitos arrependimentos têm origem nessa falta de empenho em ser útil às pessoas amadas.

Dave, 65 anos, contou uma história emocionante quando perguntei qual o melhor conselho que já tinha ouvido. "Quando eu tinha 40 anos, a mulher do meu chefe morreu de câncer. Alguns meses depois ele me deteve na entrada do trabalho e recomendou que eu passasse mais tempo com a minha mulher. Não havia motivo nenhum para ele me dizer aquilo, mas foi o melhor conselho que alguém já me deu na vida", conta, lembrando que o chefe revelou que gostaria de poder voltar atrás e dar maior valor aos relacionamentos. Embora sentisse imenso prazer com o seu trabalho, sabia que havia sacrificado muita coisa em prol do sucesso.

O caso de Dave era típico. A importância das pessoas em sua vida era quase sempre substituída pela busca de sucesso profissional e pela subsistência. O pior é que a tendência, no final da vida, é relembrar com arrependimento os momentos em que deixou a raiva ou coisas sem importância interferirem em seus relacionamentos afetivos.

Susan, 68 anos, recordava com arrependimento o relacionamento que teve com os filhos. "Eu estava tão envolvida em minha própria vida emocional que simplesmente não desenvolvi uma conexão especial com meus filhos. Sinto arrependimento por não ter sido útil a eles. Percebo que muitas amigas têm ótimos relacionamentos com seus filhos adultos. Eu gostaria de poder voltar atrás e mudar algumas coisas."

Don, 84 anos, conta que desejaria poder voltar no tempo e conversar com sua versão mais jovem. "Adoraria retroceder no tempo e dizer a mim mesmo para não ficar tão zangado com as crianças, pois elas não merecem isso. Eu me irritava por coisas muito tolas", admite. "Quando meu filho mais velho tinha 6 anos, ele me perguntou o que era ser psicólogo (minha profissão). Respondi que o psicólogo é um profissional que tenta fazer felizes as pessoas tristes."

Naquele mesmo dia, quando repreendeu seu filho de 3 anos, que não parava de chorar, o mais velho se aproximou e disse: "Pai, você não está sendo um bom psicólogo." Respondi que, naquele momento, estava sendo pai. Na hora eu não percebi o "recado", mas se pudesse retroceder, ficaria mais tempo com os meus filhos. Às vezes a gente se esquece de como é importante agradar a quem ama.

Ao ouvir esse depoimento vi passarem diante dos meus olhos os meus próprios momentos de raiva e de descortesia com as pessoas que amo, quase sempre motivados por banalidades. Será que eu também desejaria ter sido mais presente e mais amoroso? Demonstrar o seu amor em relação às pessoas que ama é como estar vendo um cenário maior — ou seja, o amor importa mais do que as coisas.

Alguns anos atrás, quando meus filhos estavam no início da adolescência, minha mulher disse que estava comprando uma cama elástica de segunda mão, do nosso vizinho. Como o filho deles havia saído de casa para cursar a universidade, estavam ansiosos para se livrar da velha cama elástica. Nós havíamos acabado de reformar o quintal e a ideia de ter aquela coisa "feia" plantada no meio da grama me deixou irritado, mas minha mulher disse que eu devia repensar minhas prioridades. Deixei bem claro meu desagrado com a nova paisagem da janela do meu quarto e cheguei a soltar um audível "arghh".

Horas mais tarde escutei as gargalhadas de meus filhos pulando de satisfação junto com os amigos. Pensei, então, que logo eles estariam indo embora e vivendo sua própria vida adulta. Certamente eu sentiria falta daqueles vozes, do eco dos risos se expandindo, muito mais do que da falta de beleza no meu "quintal" novo. Foi uma lição valiosa. A cada momento temos de questionar o que é realmente importante e mudar, se for a opção mais adequada.

Na opinião de John, 93 anos, seu casamento de 52 anos foi responsável pelos melhores momentos de felicidade da vida. "Os amigos tinham inveja da gente, falavam que tínhamos sorte de ter um relacionamento tão sólido. Quando perguntavam qual era o segredo, eu dizia que buscava agradar minha parceira e aceitava seus defeitos junto com o seu lado bom. As pessoas podem até melhorar mais tarde, mas é preciso aceitá-las como são."

Sempre que me zangava com minha mulher, eu pensava: será que isso que estou querendo é mais importante do que nosso relacionamento? Vale a pena pôr em risco o amor que temos um pelo outro? E a resposta, naturalmente, era sempre não.

Ver as pessoas com o coração

Aprender a ver com bondade aqueles que estão à nossa volta foi outra lição que aprendi com nossos 235 sábios. Tempos atrás conheci uma psicoterapeuta de casais de 85 anos chamada Maggie. Durante cinquenta anos ela ouviu maridos e mulheres reclamarem um do outro, o que por si só deve lhe garantir um bom lugar na outra vida. Mas o que chamou a atenção de Maggie ao longo de todos aqueles anos foi o fato que todos os casais se comportam do mesmo jeito: no início, eles se concentram quase inteiramente nas coisas que apreciam um no outro, mas com o tempo passam a prestar mais atenção no que as irritam.

Se conseguíssemos inverter esse comportamento, os casamentos e as famílias estariam muito melhor. Jim, 86 anos, é um desses casos raros. Casado há 65 anos, ele nunca se cansou de elogiar a mulher e sempre mandava rosas vermelhas no aniversário do *primeiro* encontro. "As flores me fazem lembrar que, apesar de todos os altos e baixos do casamento, jamais esquecerei que me apaixonei por ela assim que a vi", explica, lembrando que eles se conheceram quando cursavam o ensino médio.

A solução talvez seja essa: continuar mandando "rosas vermelhas" para as pessoas que amamos e prestando atenção apenas no que elas têm de melhor. Um estudo mostrou que as pessoas geralmente enviam 14 mensagens negativas (comentários, críticas, reclamações) para uma positiva (elogios, agrados, agradecimentos e demonstração de gratidão). Outro elemento comum aos casamentos felizes de longa duração é a capacidade de comunicação entre o casal. Se ela pender para o lado negativo, o casamento começa a desandar; se pender para o lado positivo, as chances de felicidade e sobrevivência são enormes. O problema é que as forças negativas têm vencido a luta e é responsabilidade de cada um essa realidade. É sempre possível fazer a escolha de agir com amor e afirmar um ao outro.

O relacionamento de Jim, 62 anos, com sua primeira mulher foi muito conturbado. "Minha primeira mulher sofreu durante cinco ou seis anos de uma dor crônica que surgiu depois de um procedimento cirúrgico. Por causa da dor, ela tentou o suicídio várias vezes", conta, lembrando que durante essa fase vivia sobressaltado, sem saber se a encontraria viva quando chegasse em casa no final do dia. "Era um verdadeiro inferno."

Essa experiência deixou Jim ciente da importância das escolhas pessoais. "Cheguei à conclusão de que minha prioridade era a família. Ainda que todos dissessem que entenderiam se eu a internasse e prosseguisse com a vida, não a abandonei. Apesar de ser uma situação extremamente difícil, ao fazer da minha mulher a minha prioridade percebi o tipo de pessoa que eu era — e gostei daquela pessoa", afirma. "No início, o trabalho me motivava, mas com o tempo percebi que os amigos e a família, em especial minha segunda esposa e meu enteado, são a minha verdadeira fonte de felicidade".

Parece-me que o barbeiro Ken estava certo ao dizer que "quem tem amor em sua vida é uma pessoa feliz". Quem escolhe ter uma atitude amorosa em relação às pessoas e à vida, pode apostar: a felicidade vem ao seu encontro. Quem distribui amor sabe que ele volta sob a forma de felicidade.

Se puder, faça o bem — o mal jamais

Bansi, 63 anos, é uma imigrante da Tanzânia que atualmente mora no Canadá. Criada no hinduísmo, ela sabia que a opção de ser bondosa era essencial para uma vida feliz. Quando perguntei qual fora o melhor conselho que recebera na vida, ela citou uma recomendação que sua mãe lhe fazia na infância. "Faça o bem sempre que puder a cada pessoa que encontrar, mas certifique-se de jamais causar mal nenhum. Viver de acordo com essa ideia me trouxe grande felicidade. Sempre tento melhorar o estado de espírito de quem está ao meu lado e se comportar de maneira amável."

Banzi acredita que cada um de nós acrescenta ou subtrai alguma coisa na vida das pessoas que conhece. "O que dizemos e fazemos têm a capacidade de construir ou de estragar o dia do outro. Tenho sempre muito cuidado, principalmente com o que digo. A língua é como uma lâmina, você pode fazer beneficiar ou ferir alguém com suas palavras."

O terceiro segredo não é simplesmente receber ou dar amor para os que estão próximos e sim incorporar o amor à nossa maneira de ser. Agindo verdadeiramente com amor, nos transformamos. As experiências mostram que é muito importante ser amável e bondoso em todos os momentos e em todas as situações da vida. Cheguei à conclusão que o comportamento amoroso não é bom apenas para os outros, pois ele também transforma o emissor no decorrer do processo. Quanto mais nos concentramos em agir com amor, mais encontramos a felicidade.

Susan, 68 anos, descobriu que ser gentil e amável era a chave da felicidade no período em que trabalhou como assistente pessoal de César Chávez, líder sindical e ativista de direitos humanos. "O aspecto mais relevante no trabalho com César foi o contato que tive com a cultura latina. Os latinos são mais expansivos e mais abertos, possuem um espírito de generosidade, de doação nos relacionamentos que constitui *uma* parte essencial da vida. Aprendi muito com eles", garante.

O que me leva a crer que a escolha de agir com amor é transformadora é o fato de que apesar de quase não ter controle sobre o amor que recebemos, controlamos totalmente o amor que podemos dar ao outro. Não por acaso as 235 pessoas sábias optaram de forma consciente por agir com amor em seu dia a dia e nesse processo encontraram felicidade.

Lea, 58, é uma afro-americana que cresceu na cultura segregacionista do sul dos Estados Unidos. Quando criança, conheceu muito amor em sua comunidade, mas sofreu com o ódio fora dela. "Você carrega esse ódio mesmo sem perceber. Quando voltei para o sul com cinquenta e poucos anos, revivi a sensação dolorosa de ser julgada pela cor da minha pele", diz, recordando a primeira vez que sentiu que existiam coisas para as quais não tinha permissão. "Eu havia frequentado uma escola primária para negros, mas meus pais decidiram que iríamos para essa escola secundária integrada. Eles nos prepararam dizendo que seríamos capazes de ter aquela experiência, mas as crianças não foram receptivas e as professoras não nos davam atenção. Certo dia, durante uma parada de comemoração pelo aniversário da cidade, tive uma insolação e desmaiei. Como a farmácia mais próxima não permitia a entrada de negros, foi preciso que um homem branco fosse lá dentro para me trazer uma Coca-Cola. Me lembro nitidamente da sensação de estar à mercê daquelas pessoas — inteiramente impotente —, mas não esqueço a atitude de amor daquele homem branco que me socorreu."

Lea me falou sobre seu ritual de meditação matinal, em que reserva uma hora assim que acorda para ficar quieta e ler e, antes de sair de casa, sempre reza a seguinte oração: "Senhor, faça com que eu esteja aberta para amar desde o momento em que saio de casa até a hora em que retorno. Por favor, ajude-me para quando encontrar em meu caminho alguém que precise de uma palavra amável, um sorriso ou um muito obrigada, eu não esteja tão ocupada que deixe esse momento passar despercebido."

Trata-se de uma bela oração, típica de quem conhece o segredo de que se escolhermos ser gentis e amáveis alguma transformação profunda acontece. Quando optamos por ser amável com cada pessoa que encontramos, estamos realizando um dos propósitos essenciais da humanidade, que é tornar o mundo melhor.

O indiano Abdullah, 87 anos, foi criado na religião muçulmana e estava no Paquistão, em 1948, quando o país foi criado. Apesar de ter emigrado para o Canadá, tinha fortes recordações da infância: "Quando eu era criança, tinha amigos mulçumanos e hindus, mas chegou uma época em que os dois grupos começaram a se agredir em minha cidade. Um menino hindu foi assassinado pelos muçulmanos, e os hindus vieram se vingar. Eles tentaram me pegar, mas um velho senhor hindu se posicionou entre eu e eles. Como eu era apenas um menino, minhas recordações são esparsas, mas lembro do seu braço forte sobre o meu ombro. Ele fincou os pés no chão e deixou claro que eles teriam de matá-lo para me pegar."

Por um momento, ele fez uma pausa e ficou em silêncio olhando para suas mãos, em busca da palavra certa para se expressar. "Amor é uma palavra difícil de definir, mas aquele homem foi a definição de amor para mim. Ele era um velho, talvez houvesse presenciado cenas de violência e não concordasse com elas, mas sempre gostei de imaginar que ele foi enviado pelo Profeta Maomé para que eu aprendesse o sentido do amor. Está escrito no Alcorão: 'Não julgue nenhum ato de bondade insignificante, nem encontrar seu irmão com a alegria visível no rosto.' A felicidade vem de saber que a bondade nunca está presente sem sentido. A bondade salvou minha vida."

Um ancião se posicionou entre um garoto e a violência. Ao fazer isso, ele deu início a uma cadeia de eventos que moldaram o futuro. Seu gesto de amor inspirou amor em mais alguém. Ouvindo Abdullah, não pude deixar de imaginar aquele homem idoso deitado em seu leito de morte, um vago sorriso no rosto envelhecido. Ele havia escolhido o amor. Seus atos de bondade mudariam o futuro de uma forma que ele jamais imaginaria.

Muitos anos atrás, uma jovem me contou uma história comovente sobre sua mãe. Seus pais tinham vindo visitá-la no fim de semana. Na hora de ir embora, ela os levou ao aeroporto e eles embarcaram num voo de quatro horas. Naquele mesmo dia, mais tarde, seu pai telefonou dizendo que tinha péssimas notícias. Sua mãe tinha sofrido um ataque do coração quando o avião começava a aterrissar e ela não resistiu. Dois dias depois, a filha viajou para a cidade onde os pais moravam a fim de assistir ao funeral da mãe.

Foi um voo longo e triste para a casa de seus pais. Enquanto olhava fixamente para a paisagem que passava lá fora, não podia deixar de imaginar como haviam sido os últimos momentos da mãe. Estaria ela satisfeita com a vida? Teria morrido com medo ou em paz? Saberia o quanto era amada? Várias vezes seus olhos se encheram de lágrimas enquanto tentava conter a respiração.

Ao aterrissar, foi diretamente para o velório e encontrou as pessoas que tinham convivido com sua mãe. Ela era muçulmana, mas a sala estava repleta de gente com credos e cores variadas. O amor estava no ar. Como a filha morava fora, perguntou ao pai quem era cada uma delas. Havia uma senhora sozinha, sentada num canto da sala, que o pai não conhecia. Depois de conversar com as amigas mais íntimas da mãe, percebeu que ninguém parecia conhecer a estranha. Aproximou-se da mulher e se apresentou: "Sou a filha mais nova da falecida e todos aqui dizem que não a conhecem, por isso estou curiosa para saber como a senhora conheceu minha mãe?"

Mas a desconhecida não conhecia a falecida. Perplexa, a filha perguntou por que ela estava ali. "Há muitos anos eu estava passando por um período muito difícil em minha vida. Sentia-me tão sem coragem que estava pensando seriamente em tirar minha vida. Tomei um ônibus para a cidade e me sentei ao lado de uma senhora que estava lendo um livro. Pouco depois do ônibus partir, ela colocou o livro no colo, voltou-se para mim e disse que se eu precisasse conversar, estava à disposição", conta a estranha. "Ela era uma pessoa tão amável e tão bondosa que lhe contei o que estava acontecendo em minha vida e o que estava pensando fazer. Aquele tempo que ficamos juntas levou-me a mudar de ideia e isso afetou não somente a minha vida, mas a vida de muitas outras pessoas."

No dia, no ônibus, nenhuma das duas se apresentou. "Mas dois dias atrás vi a foto dela no jornal e vim aqui esta noite porque aquela conversa de vinte minutos com ela salvou a minha vida", diz. A jovem chorava e ria ao mesmo tempo. E disse que chegou à conclusão de que sua mãe havia vivido daquela maneira a vida inteira. Fosse com os filhos, com o marido, com as inúmeras amigas ou mesmo com uma estranha que nunca voltaria a encontrar, o amor e a bondade estavam sempre em seu trajeto no mundo. Isso fizera dela uma mulher muito feliz. "A vida de minha mãe era toda de amor, ela trouxe felicidade para outras pessoas e encontrou-a para si mesma no decorrer desse processo. Que eu tenha uma vida igual à dela."

Tom, o nativo Metis e curador que afundou no gelo aos 13 anos e encontrou seu "destino", me disse o seguinte: "A escolha de amor que estou fazendo aqui hoje causa impacto em todo o universo. Segundo nossa tradição, cada ato se espalha por sete gerações — meus filhos, meus netos, meus bisnetos, e assim por diante. Tudo que fazemos afeta a todos. Assim, quando escolhemos amar, sejam nossos filhos ou estrangeiros, estamos mudando o futuro."

O terceiro segredo é *agir sempre com amor.* Eis as perguntas que o ajudarão a viver este segredo:

- Será que abri espaço para os amigos, para a família e para os relacionamentos ou será que deixei as coisas serem mais importantes que as pessoas?
- Será que fui gentil e amoroso com as pessoas mais íntimas? De que forma devo ser mais amável com elas amanhã ou nesta semana?
- Será que tenho distribuído amor e bondade em cada interação no mundo? Será que agi como se cada pessoa desconhecida fosse alguém para quem eu fizesse diferença?
- Qual dos meus lobos alimentei hoje (esta semana)? Será que passei meu tempo com pessoas que elevam meu espírito? Agi com amor em relação a mim mesmo? Mantive monólogos negativos ou ideias fixas? Estou plantando flores ou ervas daninhas em minha própria mente?

CAPÍTULO 6

Quarto segredo: aproveitar o momento

Uma vida voltada para o amanhã estará sempre a um dia de distância de ser realizada.

Leo Buscaglia

Às vezes sua alegria é a fonte do seu sorriso, mas às vezes o seu sorriso pode ser a fonte de sua alegria.

Thich Nhat Hanh

O que têm em comum as histórias de vida de 235 pessoas de culturas e origens totalmente diferentes? Muitas coisas, entre elas o uso de palavras quase idênticas para descrever a experiência única de viver. Uma das frases mais frequentes em todas as entrevistas foi "Tudo acontece muito rápido". Como bem disse Elsa, 70 anos, "quando somos jovens, ter 60 anos parece uma eternidade, mas depois que a gente vira sexagenário, percebe que não passa de um momento".

Se a vida passa tão rápido, então um dos segredos da felicidade é usufruir ao máximo o tempo que temos, bem como encontrar uma forma de tornar cada momento uma grande dádiva. Thoreau chamou isso de "desfrutar cada oportunidade", mas depois de ouvir tantas histórias de vida, cheguei à conclusão que o quarto segredo é *viver o momento presente.*

O.k. Mas como fazer isso? Estando presente em cada momento da vida, não fazendo julgamentos apressados e vivendo plenamente. Outra providência é não se concentrar no passado ou no futuro, mas na experiência do momento, com propósito e gratidão. É possível, sim, optar pela satisfação e pela felicidade.

À medida que ouvia os depoimentos das pessoas, cheguei à conclusão de que *viver o momento presente* pressupõe *fazer menos julgamentos* e *aproveitar mais a vida.*

Na verdade, sempre ouvi dizer que um dos segredos da felicidade é *viver o momento presente*, mas não tenho certeza se sabia o que isso significava até então. *Viver o momento presente* não significa apenas aceitar as coisas conforme elas surgem, seu significado é muito maior. A primeira coisa que aprendi é que as pessoas sábias encaram cada dia e cada noite como uma dádiva.

Estar presente em cada momento da vida

Max, 60 anos, comentou sobre um homem que ele encontra todos os dias em suas andanças com o cachorro. "Ele deve ter uns 80 anos e ainda está ativo, envolvido com uma grande variedade de coisas em sua vida. Quando o cumprimento e pergunto como está, ele sempre responde com um estrondoso e entusiasmado 'Estou aqui!', que na verdade significa 'Estou grato por estar vivo e reconheço que isso é uma dádiva.'"

Quando Max descreveu a cena, pensei em todas as pessoas que encontrei ao longo dos anos e que respondiam à pergunta de "Como está passando?" com um triste e resignado "Ainda estou por aqui", que na verdade queria dizer "Eu preferia estar em qualquer outro lugar, mas estou aqui".

Durante décadas Max foi crítico teatral e, por isso, assistiu a centenas de apresentações. Em algumas peças, ele admite, tinha dificuldade para se concentrar. "Às vezes a peça era tão ruim que me fazia pensar no incrível desperdício de tempo e de vida, e como eu sabia que não tinha como recuperar aquelas duas horas perdidas, o melhor era descobrir alguma coisa interessante na peça para aproveitar o tempo dedicado a vê-la", revela.

Se quisermos viver plenamente, temos de banir a palavra TÉDIO do nosso vocabulário. Cada momento exige dedicação para que possa ser inteiramente desfrutado em tudo o que ele tem para oferecer.

Cada dia é uma dádiva

A gratidão por estar vivo e a determinação de não deixar passar um dia sequer sem valorizá-lo é uma característica importante para quem deseja se tornar idoso e sábio.

Joel, 60 anos, por exemplo, tem o hábito de começar e encerrar o dia com um ritual: "Todo dia digo uma pequena oração assim que me levanto: obrigado, Senhor, por mais este dia. Como cientista, sinto-me inspirado pela existência quando penso no milagre que é a vida. Peço a Deus que não me permita desperdiçar este dia, mas que me ajude a tomar consciência da grande dádiva que é viver. No fim do dia, antes de ir dormir, conto todas as coisas boas que aconteceram, mesmo as pequenas, e agradeço a Deus por tudo."

O filósofo romano Sêneca dizia que devíamos "contar cada dia como uma vida distinta". Cada dia que vivemos não é um passo rumo ao nosso destino, é o destino em si. Começamos a *viver o momento* quando reconhecemos a grande dádiva de estar vivo mais um dia e escolhemos não desperdiçar nenhum segundo dele, nem estragá-lo vivendo no passado ou no futuro.

Em primeiro lugar, é preciso ter certeza de que estamos *vivendo a vida* em vez de simplesmente *planejando a vida.* Se não tivermos cuidado, estaremos sempre *passando pelas coisas* que encontramos no caminho, sem experimentá-las de fato, porque pensamos que algo mais nos trará a felicidade. Esse comportamento é típico de quem vive dizendo que será *feliz se ou quando...* O que não quer dizer que não devemos planejar ou almejar coisas que ainda não conseguimos ou experimentamos, mas sim que a felicidade é possível se formos capazes de viver o momento.

A esse respeito, meu cachorro tem sido um ótimo professor. Quando não estou viajando, subo o lado da montanha onde moro acompanhado de meu cachorro. Caminho pelo aclive por quarenta minutos e depois desço. Após vários anos fazendo esse passeio, cheguei a uma interessante conclusão. O cachorro apreciava o passeio muito mais do que eu. Explico: meu objetivo era simplesmente chegar ao topo da montanha e descer. Ou seja, o passeio não era para ser apreciado, mas concluído. Eu fazia aquela caminhada a fim de me exercitar, esperando assim ter uma vida mais longa, sem me dar conta do valor da caminhada em si. O cachorro, no entanto, desfrutava imensamente do passeio. Se encontrava outro cachorro, ele parava e o saudava. Se via alguma coisa interessante, parava e explorava de todas as maneiras. Passava a maior parte do passeio "cheirando as rosas" enquanto eu tentava arrastá-lo ("vamos, anda logo, não para") para que minha zelosa marcha não sofresse atrasos. O cachorro estava vivendo cada momento, eu estava querendo acabar logo.

Depois de chegar a essa conclusão, experimentei fazer o passeio da mesma forma que o cachorro o fazia. Desde então, se encontro um vizinho durante a caminhada, quase sempre paro para bater um papo; se me deparo com uma vista bonita da montanha ou vejo uma linda flor, procuro o melhor ângulo para apreciar tudo plenamente; e se tiver a sorte de encontrar um amigo, sigo com calma para alcançá-lo em vez de tomar o meu rumo. Essa é a metáfora do meu modo de viver.

Viva como se este fosse o último pôr do sol

John, um pintor de 93 anos, observou que algo mudou depois que passou dos 90 anos. "Gosto de dizer às pessoas que estou com quase 94, com a mesma entonação que as crianças dão quando dizem que têm quase 8 anos, porque desde que passei dos 90 dou enorme valor a cada novo dia."

Estar ciente da própria mortalidade e do número limitado de anos que restam começou a moldar a experiência diária de John. "Quando a pessoa chega à minha idade, está sempre imaginando quanto tempo terá de vida. Tenho bisnetas de 6 e 8 anos, por isso fico imaginando: até que idade vou estar vivo para vê-las? Então, quando vejo um pôr do sol ou uma bela apresentação de balé eu choro — não somente pela beleza do espetáculo, mas porque não sei quantas vezes mais terei essa chance."

John se lembra de quando era jovem e ouvia recomendações para aproveitar bem o momento. "O problema é que eu não entendia bem o significado daquilo e agora sei", garante. "Sei inclusive que pode ser feito em qualquer idade, até porque nunca sabemos quanto mais vamos poder ver e por isso mesmo precisamos apreciar cada momento como se ele fosse o último."

Suas palavras me trouxeram à lembrança uma frase do filme *A última noite*, em que a personagem de Garrison Keillor diz que "cada apresentação é uma última apresentação" (e o filme, de fato, veio a ser o último dirigido por Robert Altman). Não por acaso as palavras do velho pintor passaram a inspirar os momentos da minha vida. Cada vez que me sentia alegre lembrava que não sabemos quantos momentos mais como aquele virão. Em vez de passar correndo por eles, adotei a prática de começar a absorvê-los. De vez em quando percebia os meus olhos se enchendo de lágrimas, do jeito que John havia descrito.

No decorrer dos anos conheci um grande número de pessoas que tiveram câncer. O relato mais comum é que ao serem informados do diagnóstico, duas coisas aconteciam. De um lado, o tempo corria mais rápido. A sensação era de que o ritmo do tempo estava acelerando e, ao mesmo tempo, ficando mais lento. De repente, cada momento e cada dia era um tesouro valioso que precisava ser vivido com intensidade.

Nada mais era visto como simplesmente alguma coisa a ser

"terminada", nenhum dia era desperdiçado como se não tivesse importância. É por isso que em certos grupos de apoio os pacientes com câncer se referem à enfermidade como "uma dádiva", pois fez com que percebessem a importância de cada dia e como vivê-lo plenamente.

Eu mesmo, logo que terminei as entrevistas, incluí um breve tempo de meditação ao levantar toda manhã, para expressar minha gratidão por estar vivo e reforçar a esperança de viver aquele dia em sua plenitude. À noite, outra pequena sessão, agora para agradecer as coisas boas que haviam acontecido durante o dia. Tenho notado que nos dias em que faço meditação eu resisto mais à tentação de cumprir com minhas obrigações e encerrar o dia o mais rápido possível. Sinto que estou mais presente e, mesmo nos dias difíceis, consigo encontrar um lugar para agradecer.

Viver o presente é a única opção

A segunda coisa que aprendi com os meus entrevistados a esse respeito é que devemos sempre viver o momento e que só temos poder sobre o presente. Se quisermos pôr em prática o quarto segredo, precisamos optar por viver o presente, o que significa admitir que não temos poder algum sobre o passado ou o futuro. O passado ficou para trás. O que quer que tenha acontecido não pode ser mudado. Qualquer arrependimento ou alegria estão para sempre congelados no tempo. Concentrar-se no passado, principalmente nas tristezas, apenas rouba a sua felicidade (ainda que momentaneamente). Quando lamentar o passado, diga a si mesmo que não tem poder sobre ele.

E sobre o futuro? O futuro ainda não aconteceu, mas também não há nada que possa ser feito a respeito. Pense no tempo incrível que gastamos nos preocupando com o futuro. Será que vou ficar doente? Vai acontecer alguma coisa ruim com as pessoas que eu amo? O país vai entrar em guerra ou em depressão? Minha mulher vai me deixar? Meus filhos vão ficar bem? Minha empresa vai diminuir de tamanho? A preocupação com o futuro tem apenas um único e verdadeiro poder, o de roubar a alegria. Como já disse Leo Buscaglia, "a preocupação nunca rouba as tristezas do dia de amanhã, mas rouba sempre a alegria do dia de hoje".

Em geral, a maneira como agimos no presente pode influenciar o futuro, mas tudo que nos resta é vivenciá-lo plenamente e saber que quando o amanhã chegar vamos aceitá-lo com a mesma energia plena que investimos no presente.

Viver o momento é fácil de falar, porém difícil de fazer. É preciso treinar a mente, às vezes durante anos, e a meditação é uma ótima opção para quem está disposto a aprender a silenciar a mente. O poder de concentração através da meditação está presente na maioria das tradições espirituais, inclusive no cristianismo e no budismo. Para mim, foi a maneira de esvaziar a mente e me colocar plenamente no momento. Antes, minha mente corria para todas as direções, para o passado, para o futuro, para as contas do cartão de crédito e até para a lista de coisas a fazer. Com o tempo, tornei-me capaz de bloquear toda essa balbúrdia.

Vale a pena experimentar. Na próxima vez que começar a se lamentar sobre o passado, simplesmente diga à sua mente: "Você não pode fazer nada sobre o passado, venha para o presente." Se acontecer novamente, repita o exercício até que a frase seja incorporada por seu subconsciente. Diga e repita para si mesmo: "Você não pode mudar o futuro, tudo que pode fazer é estar presente neste momento, venha para o presente." A repetição faz com que sua mente cada vez mais viva plenamente o presente. Você tem poder, você pode agir.

A conversa interior é um assunto sério, mas muita gente não dá importância. Como mencionei no último capítulo, temos cerca de quarenta a sessenta mil pensamentos por dia e são eles que moldam nossas atitudes. Se permitirmos que eles voltem constantemente ao passado ou mirem no futuro, lamentando coisas ou pensando sobre aonde vamos em vez de onde estamos, é sinal de que estamos treinando nossa mente para se ausentar do presente.

Nas conversas com os idosos sábios, uma coisa que me surpreendeu e ao mesmo tempo me alegrou foi descobrir que eles tinham o controle de suas mentes. Eles sabiam de *nossa capacidade de treinar nossa mente.* A maioria das pessoas passa a vida acreditando o contrário, que de alguma forma nossa mente é escrava das circunstâncias externas. Descobri que as pessoas felizes sabem que temos mais controle sobre nossa mente do que percebemos.

Viver o momento significa ter a capacidade de escolher, de sentir-se satisfeito e grato a qualquer momento. Don, que é psicólogo, conversou comigo sobre a mudança do seu ponto de vista em relação ao poder que podia exercer sobre a sua própria felicidade. "No início, eu acreditava que o mundo externo determinava o que eu sentia. Assistia a um belo pôr do sol e sentia um grande encantamento. Então, quando o sol desaparecia, me perguntava: para onde havia ido aquela sensação boa? Era o Sol que criava em mim aquela sensação de felicidade ou aquela sensação boa estava dentro de mim e era produzida por mim?"

Anos depois, ele conversou com o seu orientador sobre essa questão e recebeu a seguinte explicação: "Deixe a mente de lado, anule-a", disse o orientador. Don finalmente entendeu o que tinha de fazer: "Tenho vivido dentro de dois princípios. O primeiro é que se há alguma coisa que valha a pena fazer, devemos fazer com convicção — como estar aqui conversando com você ou lavando pratos. Não devemos fazer nada só para tirar do caminho. O segundo é que você tem o poder de moldar seus pensamentos. Está tudo em sua cabeça."

Treine sua mente para a felicidade

Quando Don disse que a felicidade está "na cabeça", percebi que a ideia de que eu poderia optar a qualquer momento pela satisfação e gratidão era uma mudança radical. Não estava claro se seria fácil ou se exigiria anos de prática, apenas que era possível.

O que os sábios recomendavam era uma espécie de dócil rendição à vida. Não uma rendição resignada, mera aceitação falsa das circunstâncias. O que eles diziam era que o poder de encontrar felicidade estava dentro de cada um, não fora. Se as pessoas praticassem, teriam satisfação e contentamento em qualquer momento.

Resolvi experimentar. Comecei com algumas práticas simples: acordar todo dia e expressar gratidão, focar nas coisas boas que aconteceram no dia anterior, deter a incessante preocupação com o futuro (e dar um leve empurrão de volta ao presente) e praticar a respiração como se ela fosse preciosa. Seria mais fácil se existisse uma fórmula mágica ou mística para aproveitar cada instante, mas a verdade é que aprender esse segredo requer tempo e prática.

Muitas pessoas lembravam de coisas que ouviam de seus pais ou avós, coisas que estavam perdidas na memória e que elas agora reconheciam ser verdade. Bill, 60 anos, disse que a mãe costumava acordar ele e os irmãos dizendo "Hora de levantar e brilhar, a vida é você quem faz". Bill admitiu que odiava aquela rotina, mas acha que no fundo ela foi benéfica porque era um constante aviso de que a vida não era o que acontecia com as pessoas, era como elas reagiam à vida.

Viver o momento significa colocar-se em uma posição de gratidão. Todos foram unânimes em afirmar que a gratidão era uma fonte de realização. Muitos citaram o fato de terem se tornado cada vez mais agradecidos à medida que envelheciam, e menos concentrados naquilo que não tiveram. A gratidão não é uma mera atitude e sim o núcleo de uma "filosofia de vida".

Existia uma espécie de bênção na vida desses 235 sábios que acredito fazer parte do segredo da felicidade. Eles sabiam que o máximo que podiam fazer diariamente era dar o melhor deles mesmos. A decisão de ver a vida como uma dádiva e aproveitar ao máximo o presente podia ser tomada todo dia ao acordar. Não se pode ter controle total sobre o resultado, mas dá para dominar as reações e treinar a mente para não ficar obcecado com arrependimentos, nem para se preocupar com o amanhã. A ideia é estar presente naquele momento.

Todo dia temos a possibilidade de ficar agradecidos, mas também podemos optar por não definir cada momento (sou bem-sucedido, feliz, infeliz, um fracassado, bom, mau) e simplesmente viver a vida.

Há alguns anos eu estava fazendo uma palestra e havia um jovem de trinta e poucos anos sentado bem no centro do auditório, na primeira fila. Ele me ouviu com atenção, fez muitas anotações, riu de modo espalhafatoso quando alguma coisa era engraçada e até chorou quando contei uma história tocante. De vez em quando dava um toque no vizinho para ele também escutar com mais atenção. No final, ele veio pedir que eu assinasse um exemplar de um dos meus livros. Enquanto eu fazia a dedicatória, ele agradeceu pela "grande palestra". Respondi, dizendo que eu é que queria agradecer a ele. "Você teve uma energia tão boa, que durante toda a palestra pude me sentir energizado só em olhar para você. E ali estava você sentado logo na primeira fila", comentei.

"Aprendi isso com minha avó", disse. "Quando ela morreu no ano passado não houve lágrimas de pesar em seu funeral. Houve tristeza e muito riso, mas todo mundo sabia que ela não havia deixado nada para trás e que tinha aproveitado tudo que a vida podia oferecer — cada prazer, cada momento. Minha avó deu tudo que era para ser dado ao mundo, principalmente bondade. Assim, aprendi que se você se senta na fila da frente em qualquer lugar que esteja, todo dia e em todo momento, você morrerá feliz."

Quem sabe, se cada pessoa começar o dia agradecendo a dádiva de viver um novo dia e pedir para não desperdiçá-lo, se cumprimentar com entusiasmo as pessoas que encontrar pelo caminho, pode enviar ao subconsciente uma solicitação de presença e gratidão.

Sempre que a mente se desviar para culpas e arrependimentos do que deveria ter feito no dia anterior ou preocupações com o que virá amanhã, é preciso trazê-la devagar de volta ao presente. O segredo é apreciar cada pequenino prazer, como fazia John, o pintor de "quase 94 anos", porque aquele dia poderia ser o último de sua vida. E no final da jornada, contar as coisas boas que aconteceram e pedir por mais um dia.

O quarto segredo é *viver o momento.* Veja as perguntas que você deve fazer a si mesmo todas as semanas para viver de acordo com este segredo:

• Será que desfrutei de tudo o que fiz nesta semana ou no dia de hoje? Estava de fato "presente" ou só marcando presença?

• Será que apreciei todas as coisas agradáveis que estiveram ao meu dispor hoje, ou esta semana, ou apenas passei pela vida correndo?

• Senti-me grato por alguma coisa ou caí na armadilha do "eu seria feliz se..."?

• Tenho conseguido viver o momento ou tenho deixado a felicidade ser roubada pelas preocupações com o futuro (ou pelos arrependimentos do passado)?

• Estou agradecendo por mais um dia?

• O que preciso fazer para viver este segredo com mais intensidade na próxima semana?

CAPÍTULO 7

Quinto segredo: dar mais do que receber

O indivíduo só começa a viver depois que ultrapassa os estreitos limites de suas preocupações individuais para alcançar os interesses mais amplos de toda a humanidade.

Martin Luther King Jr.

Para mim, a vida não é uma vela fugidia, mas uma espécie de tocha majestosa que seguro com as minhas mãos neste momento e cuja chama preciso tornar o mais brilhante possível antes de passá-la às futuras gerações.

George Bernard Shaw

Quando era um jovem seminarista, conduzi o funeral de um homem que não havia conhecido. Jamais esquecerei o dia do seu enterro, quando fiquei de frente para o caixão e fiz a encomenda do corpo sem nenhuma pessoa presente. Embora ele tivesse vivido na região a maior parte de sua vida, e apesar de seus dois filhos adultos viverem a apenas poucas horas de distância, ninguém compareceu para homenageá-lo. Apenas o organizador da cerimônia e eu estivemos no local. Eu tinha apenas 25 anos, mas a experiência teve um profundo efeito em mim. Como poderia uma pessoa ter uma vida tão longa e comover tão poucas pessoas?

Mais tarde vim a saber mais sobre aquele homem e percebi que ele tinha passado a vida quase inteiramente voltado para seus interesses pessoais. Nos seus últimos anos parecia extremamente ressentido e qualquer luz que houvesse lançado no mundo morreu com ele. Seu enterro foi um símbolo de sua vida; tal qual viveu, assim morreu.

Já o enterro do meu avô foi uma experiência inteiramente diferente. No dia do seu funeral, a família ficou surpresa com a quantidade de pessoas que compareceram. Ele havia sido um homem quieto e sério, e apesar disso, milhares de estranhos se aproximaram de minha mãe para falar-lhe da diferença que meu avô havia feito na vida deles. O encarregado da cerimônia desculpou-se por ter colocado o horário das visitas numa sala "muito pequena para a vida que, era óbvio, meu avô tinha tido". Na casa funerária, um homem contou à minha mãe que um dia, cinco anos antes, ele estava diante de uma loja de roupas, olhando um vestido para sua filha, um vestido que ele não poderia comprar. Meu avô ia passando e depois de uma rápida conversa insistiu em comprá-lo, mesmo tendo pouco dinheiro, e disse para ele pagar depois, quando pudesse.

As pessoas compareceram, não pelo o que meu avô tinha recebido do mundo, mas pelo que ele havia dado. Essa é a definição do quinto e último segredo que precisamos descobrir antes de morrer: *dar mais do que receber.*

Funeral de cinco minutos ou de dez horas

As pessoas dizem que o mais importante de tudo na vida é o seu legado, o que é transmitido às gerações que se seguem. Cada um tem uma maneira de sentir que sua vida foi "importante". Para alguns, basta viver o suficiente para ver os filhos se tornarem adultos saudáveis e donos de vidas úteis e amorosas. Para outros, o essencial é ter realizado um bom trabalho e deixado sua marca. Para outros ainda, é saber que ao dar mais do que recebem eles conseguem encontrar felicidade.

Ao ouvir as pessoas que outros indicaram como sábias e realizadas, concluímos que as mais generosas são as que encontram mais alegria na vida. Um exemplo é Ken, 64 anos, que encontrou a felicidade como barbeiro numa pequena cidade de Iowa. Durante quase quarenta anos ele escutou histórias dos que cortavam o cabelo com ele e assim encontrou uma forma de servir aos outros. "Descobri que a maior felicidade vem sempre do que você dá, não do que recebe", diz. "O pessoal que vinha à minha barbearia tinha uma vida difícil no campo e naquela meia hora em que os atendia, ajudava-os a relaxar. O que eu mais gostava é que as pessoas falavam sobre a vida delas e eu de certa forma tentava ajudar. Do adolescente com problemas com os pais até um marido com dificuldades em casa, o meu maior prazer era ver que tinha ajudado alguma coisa a mudar para melhor."

Ken contou que compareceu a muitos enterros. Era até chamado de vez em quando para ir à casa funerária dar um último corte no cabelo do falecido (ou falecida). Ele notou que existem alguns enterros que duram dez minutos, enquanto outros se estendem por até dez horas. Algumas pessoas tocaram a vida de tantas outras de forma positiva que elas simplesmente querem ficar um pouco ali e falar sobre aquela pessoa. Outras vivem de tal forma voltadas para si mesmas que isso não acontece. Acho que devemos levar a vida como se quiséssemos ter um enterro de dez horas.

Ouvindo as palavras de Ken, não pude deixar de imaginar o meu próprio funeral. Seria de dez minutos ou de dez horas? Terei vivido de tal maneira que os outros sentirão a minha vida como uma bênção para eles? Resisto em admitir que, quando jovem, às vezes me imaginava tendo um enterro de uma pessoa que morreu prematuramente. Cheio de ideias de grandeza, imaginava as lágrimas dos enlutados. Atualmente, como homem de meia-idade, sei que não se vive para ter um lindo serviço fúnebre. O ideal é ter um belo serviço fúnebre porque assim o mereceu. Foi isso que Ken descobriu em sua barbearia.

Jack, 67 anos, estudou engenharia e, meio a contragosto, entrou para o negócio do pai. Lá, pôde observar o que uma vida dedicada ao trabalho podia trazer à pessoa. "Meu pai foi um modelo de comportamento na minha vida. Era um bom homem, dono da empresa em que começou como funcionário, no início dos anos 1960. O seu maior dom era ser um bom sujeito — eu o admirava e via quanto as pessoas o admiravam. Acho que isso influenciou minha definição de sucesso."

Durante várias décadas, Jack foi um empresário bem-sucedido, integrou o conselho de várias companhias e atualmente preside o comitê escolar de uma grande cidade. Quando lhe perguntei o que tinha dado maior sentido à sua vida, ele disse que seus filhos eram a primeira coisa que lhe vinha à cabeça. "Se você tem filhos, acho que o preço para fazer parte da raça humana é tentar fazer deles pessoas melhores do que você foi. Você tem de passar isso para a geração que virá, mas também sinto muito orgulho da nossa empresa e do impacto que ela causa na vida das pessoas. Gosto de melhorar as coisas", explica.

Quanto mais escutava, mais tinha certeza de que as pessoas felizes são sempre *as que dão aos outros, não as que delas recebem.* Elas podem não ter sido tão altruístas como Madre Teresa ou Ghandi, mas descobriram que quanto mais se doarem, mais felizes serão.

Pergunte-se o que a vida espera de você

Viktor Frankl foi um psiquiatra judeu que esteve prisioneiro em um campo de concentração nazista de 1942 a 1945. Mais tarde Frankl escreveu sobre suas experiências no livro *Em busca de sentido.* Uma das partes mais importantes do livro aborda a questão do suicídio.

Frankl revela que muitos prisioneiros dos campos pensavam em suicídio, o que não surpreende, dado que todos foram profundamente violados, tendo tido liberdade, subsistência, lar, família e dignidade usurpadas. Frankl observou que não era possível convencer ninguém a permanecer vivo dizendo-lhe que as coisas iam melhorar, que alguma felicidade o esperava no futuro. No entanto, se ajudasse a pessoa a ver que o mundo esperava alguma coisa dela, que algum bem ela poderia fazer em sua vida, essa pessoa quase sempre escolhia viver. Frankl concluiu que as pessoas que sabem "o que o mundo espera delas jamais desistem de sua vida".

O que torna a atitude de *dar mais do que receber* um dos segredos da felicidade e do propósito na vida é o fato de termos um grande potencial de controle sobre aquilo que damos, mas quase nenhum sobre o que recebemos. O poder de doação é ilimitado. Podemos escolher a caridade, servir ao próximo, amar, ser generoso e deixar o mundo melhor de alguma maneira. Chego a crer que existe alguma coisa em nós que anseia contribuir com sua parte enquanto estamos aqui.

Antony, 86 anos, foi ator a vida inteira. Assim que o conheci percebi que ele vivera os cinco segredos. Afinal, tinha um trabalho que amava, havia recebido amor e dado amor aos outros e, embora gostasse de aplausos e honrarias, o que realmente importava para ele era ver o quanto havia entusiasmado as pessoas. "Quando eu era jovem, o que importava era conseguir um papel, mas à medida que fui envelhecendo, percebi que não era muito prazeroso ganhar para fingir que está eufórico diante de uma xícara de café. O trabalho precisava ser importante", afirma.

Certa vez Antony recebeu uma carta de um jovem que havia assistido a uma de suas peças. "Ele escreveu para dizer que era a primeira peça teatral que havia visto e que o meu desempenho havia mudado sua opinião sobre a vida e o que realmente importava. Essa carta significou mais para mim do que todos os aplausos", confessa.

Muitas vezes levamos anos para perceber a maneira como nossa vida fez diferença. Antony teve uma experiência maravilhosa com um antigo aluno. "No começo de minha vida profissional, eu dava aulas de teatro na Inglaterra e apesar de sempre ter gostado mais de atuar do que de ensinar, acredito realmente ter feito diferença para os alunos. Talvez porque não quisesse que atuassem à MINHA maneira, e sim que descobrissem o seu próprio estilo", explica.

Quase quarenta anos depois de ter se mudado para o Canadá, ele estava indo a Londres com sua mulher para um trabalho com um ex-aluno. Assim que chegaram, o ex-aluno os convidou para jantar e informou o endereço onde se encontrariam. Quando Antony e a mulher chegaram, logo se deram conta de que era um restaurante muito caro. O jantar foi ótimo e a conversa animada. Quando chegou a conta, Antony se dispôs a contribuir, mas Kenny não permitiu. "Tudo o que tenho devo a você. Seu ensino mudou minha vida. Você fez arder em mim a chama de ser ator e me ensinou a ser um profissional de sucesso", disse o ex-aluno, então com 50 anos.

Embora tivesse boas recordações do ex-aluno, Antony não tinha noção da influência que exercera na vida daquela pessoa. "Percebi que a gente nunca sabe que diferença faz na vida das pessoas. Ao perceber que havia causado tal impacto na vida dele, senti-me extremamente gratificado", constata.

Isso é uma verdade que vale para todos nós. Muitas vezes vemos apenas a ponta do *iceberg*, mas a verdade é que mesmo sem saber fazemos diferença na vida das pessoas. Uma coisa que também percebi foi que muitas pessoas anseiam por ter uma ligação com alguma coisa maior. A generosidade nos conecta com algo que vai além da experiência normal.

George acredita que tudo está inter-relacionado. "Quanto mais estudo física, mais acredito na inter-relação entre as coisas. Há uma relatividade no universo que não compreendemos inteiramente. Mais cedo ou mais tarde a gente percebe que não pode levar nada, mas pode deixar alguma coisa atrás", diz.

A grande tarefa da vida: entregar-se

Muitas pessoas questionam o papel da religião e da espiritualidade na vida daqueles que encontraram felicidade e propósito na vida. Será que as pessoas que os outros consideram sábias são mais "religiosas"? As entrevistas revelaram que o ponto em comum entre elas não era a religião em si, mas a crença em alguma coisa maior. Algumas acreditam num Deus próprio, outras estão conectadas com a jornada da humanidade (o que veio antes e o que virá depois) e há ainda as que creem na existência de um grande mistério unindo todos os seres humanos. Em todos os casos, o ponto central é a demonstração de utilidade e carinho, mas para muita gente o que dá sentido à vida é a satisfação de deixar o mundo melhor do que antes.

Já Dick, 70 anos, encontrou suas respostas na fé. "Quando Deus entrou em minha vida, isso fez a maior diferença, especialmente quanto à ideia de fazer o bem. Tento viver dessa forma tanto no aspecto profissional quanto pessoal", explica. "Com o passar dos anos isso me colocou em algumas situações incríveis. Certa vez encontrei um pedinte em Nova Orleans quando eu e um amigo estávamos ali a negócios. Esse homem de barba grisalha surgiu das sombras e pediu comida. Meu amigo ficou constrangido, mas convidei o homem a nos acompanhar num restaurante francês. Disse a ele que podia comer tanto quanto quisesse, e assim ele fez. Na hora de ir embora, ele me entregou um bilhete afetuoso, agradecendo por ser tão amável com ele. Mantenho um diário de todas as vezes que pude fazer algo pelos outros. Essas coisas me deixam muito feliz."

Donald, 84 anos, foi criado numa família em que a caridade

constituía a base para uma vida virtuosa. "A ideia de servir é mais cristã, para o povo judeu o mais importante é ser caridoso. Quando eu era menino, meus pais costumavam manter várias caixas ao lado da porta, cada uma referente à uma entidade assistencial. Toda noite, quando meu pai chegava em casa, ele colocava moedas em cada uma dessas caixas. Ele fazia questão que soubéssemos para onde se destinava cada uma delas, para que entendêssemos as necessidades das pessoas que estávamos ajudando."

Da mesma forma que a lei cristã da generosidade havia guiado a vida de Dick, o conceito judaico de *Tzedakah* (caridade, em hebraico) moldou a busca de felicidade para Donald. Entretanto, o sentimento de estar ligado ao próximo por meio de boas ações não se limita aos que possuem fortes crenças religiosas. Os que declaram abertamente serem ateus ou agnósticos também admitem a necessidade de estar ligado a coisas maiores para alcançarem a felicidade.

Bob, 60 anos, direcionou seu amor para a vida ao ar livre e a natureza. Este é o seu legado. "Quando você é biólogo, lida com perdas e danos todos os dias, pois presencia a destruição do mundo natural", explica. "O fato de ter ajudado a criar várias organizações fortes me dá a certeza de que contribuí para que as coisas melhorassem, e isso proporciona um profundo sentido de propósito na vida."

Embora tivéssemos pedido às pessoas que nos indicassem nomes de conhecidos que tivessem tido vida longa e sábia, escaparam alguns "idosos ressentidos" com a vida que tiveram. Notei que uma das diferenças mais significativas entre os idosos felizes e os ressentidos era a consciência de estar ligado a algo maior que si mesmo.

Percebi que existem duas grandes tarefas na existência humana: *encontrar-se e entregar-se.* A pessoa encontra a si mesma quando descobre o seu destino e se mantém fiel a si mesma, porém não basta se encontrar — é preciso também se entregar, ou seja, estabelecer uma ligação com algo maior, algo que existiu antes e que continuará a existir depois. O único elemento comum a essas duas tarefas é a insignificância do *eu*. A importância de cada pessoa deriva do fato de que ela faz parte de uma entidade maior. Alguns chamam essa entidade de Deus, outros de trajetória humana e outros ainda de natureza. Não há melhor forma de entrega do que o ato caridoso e a vontade de deixar o mundo melhor. Essa atitude nos conecta com o futuro e nos liga ao passado. E faz uma ligação com a cadeia da vida, dando a ela sentido e propósito.

Para Bill, 64 anos, o sentido e o propósito da vida eram seus dois filhos e seus quatro netos, além de uma consciência que transcende o seu próprio eu. "Meus filhos se tornaram pessoas boas, que se dedicam a cuidar dos outros. Foi minha mãe que me passou esses valores, o que me deixa feliz e realizado por fazer parte dessa corrente de amor ao longo de várias gerações."

Uma das histórias mais comoventes que ouvi foi a de Harvey, um homem de negócios que começou uma carreira como ator aos 50 anos e daí em diante participou de mais de cinquenta filmes. "O dia mais importante de minha vida foi o dia em que nasci, porque tive a sorte de ter pais maravilhosos. Eles eram muito caridosos e sempre ensinaram o valor de prestar ajuda", conta, lembrando que o funeral do pai atraiu muitas pessoas que ele não conhecia. Muitas delas fizeram questão de se apresentar e dizer o quanto o pai de Harvey havia sido importante em suas vidas. Um homem inclusive contou uma história sobre o pai, da época em que o Canadá recebeu uma grande imigração de judeus vindos do Leste Europeu e da Alemanha.

"Havia uma instituição chamada Hebrew Free Loan Association, que fazia empréstimos sem juros para esses novos imigrantes, e seu pai era o avalista dos empréstimos", contou o desconhecido.

Harvey aprendeu com os pais que a generosidade traz benefícios não só para a vida dos outros, mas também para aqueles que a praticam. Cada pessoa tem a capacidade de fazer a chama do amor e da vida brilhar com maior ou menor intensidade. Quando damos mais do que recebemos, criamos uma conexão com algo maior e isso dá propósito à nossa vida.

Conforme envelhecemos nos damos conta de que fazemos parte de uma cadeia de vida maior. Entramos no mundo acreditando que estamos sós e que nossa vida é mais importante do que qualquer outra, mas depois entendemos fazer parte de um contexto muito mais amplo. Muitos entrevistados dizem se sentir como pequenos grãos de areia dentro de um cenário muito maior. Segundo eles, só quando nos juntamos a essa história maior, encontramos a felicidade, pois nos concentramos menos em nós mesmos e deixamos de lado nossas pequenas preocupações. Muitas tradições espirituais miram nesse paradoxo e pregam a renúncia à individualidade para, em troca, encontrar a verdadeira felicidade.

Embora o objetivo deste livro fosse descobrir a felicidade e o propósito em qualquer idade, aprendi muito sobre a experiência de envelhecer com vitalidade. Você sabia que as pessoas mais felizes são as menos centradas em si mesmas? Pois acredite. Não há nada mais desalentador do que idosos egocêntricos, interessados apenas neles mesmos e em suas pequenas preocupações. A felicidade pressupõe estar de bem com a vida, saber o que é importante e se concentrar apenas no que você pretende deixar como legado.

No período em que me dediquei a ouvir as perspectivas de vida de pessoas com mais de 60 anos, tomei consciência de que vivemos em um mundo que nos foi emprestado. Cada geração "toma emprestado" o mundo da geração anterior e o conserva em segurança para os que ainda virão. Cada geração administra esta grande dádiva enquanto está em suas mãos. Ficou claro também que a felicidade vem da atitude caridosa e do senso de responsabilidade para com o futuro.

Ralph, 60 anos, foi eleito líder de um grupo de aborígenes de uma ilha de Vancouver devido às suas qualidades pessoais, não por causa dos seus ancestrais. Veja a linda história que ele teve quando adolescente: "No oceano Pacífico todo ano tem a temporada de pesca do salmão. Todo mundo fica ansioso para sair de barco e pescar, pois precisa criar um estoque para alimentar a família durante o inverno. Houve um ano em que eu e meus irmãos pegamos tanto peixe que em apenas poucas horas o barco estava carregado de salmão e tivemos que voltar. Ficamos tão entusiasmados com a fartura que nos apressamos em descarregar o barco a fim de voltar e pegar mais. Quando estávamos prontos para zarpar, meu pai falou: 'Não, já terminamos.' Perguntamos a ele porque, já que havia muito mais peixe, e ele explicou que tínhamos de deixar para os outros membros da tribo. Passamos os dois dias seguintes ajudando os outros pescadores a emendarem suas redes para que eles também pudessem pescar bastante. Não esqueço isso."

A história é simbólica em diferentes níveis. A adolescência representa a impetuosidade e a energia que não tem limite. Pela vontade dos três irmãos, eles pegariam tanto peixe quanto possível. Nessa fase, acreditamos que a felicidade depende do número de experiências que temos ou dos bens que obtemos. Só mais tarde, quase sempre tarde demais, descobrimos que o amor, o ato de servir ao próximo e a ligação a um propósito mais amplo são os verdadeiros alimentos da alma humana.

O pai de Ralph sabia que o mundo "não lhe pertencia". Era importante se alimentar, mas também era importante não levar mais do que o necessário. O peixe não pertencia à sua família nem à sua comunidade. O peixe fora pedido emprestado a gerações passadas e confiado a muitas gerações ainda por vir. A lição mais importante que ensinara aos filhos adolescentes não fora sobre a técnica de pescar, mas a mensagem de que dar aos outros é o maior prazer que o ser humano pode ter.

Uma semana depois que Ralph me contou essa história, li que mais de 80% das áreas de pesca permitida do mundo estão próximas do colapso. O ser humano tem pescado nas águas do planeta sem grande consideração por aqueles que ainda virão. Outro ancião nativo, Búfalo Branco, que teve a vida salva em um lago congelado, disse que na tradição dele a vida é uma espiral. "O ser humano está no topo dessa espiral, mas isso não quer dizer que somos mais importantes, apenas mais vulneráveis. Dependemos de todos os outros seres vivos, não somos mais importantes que eles", explica.

O ser humano sente a sua felicidade aumentar quando percebe que sua vida está a serviço de um bem maior — este é o quinto segredo.

Quando as pessoas passam a se preocupar mais em acumular riquezas e confortos, em vez de buscar um sentido maior e um propósito de vida, a sociedade, tal qual um indivíduo, perde a sua vitalidade. Quanto mais uma cultura se concentra nas necessidades individuais, nos pequenos luxos e bens materiais, maior é a probabilidade dela se deteriorar. No entanto, se as pessoas focarem nos objetivos coletivos — deixar um mundo melhor para as próximas gerações, por exemplo —, encontrarão uma profunda consciência de propósito.

Ao conversar com os idosos sábios para este livro, descobri que eles têm uma grande preocupação com o futuro. Muitos temem a crescente tensão entre as religiões, a destruição do meio ambiente e a aparente relutância das pessoas em fazer sacrifícios pelo futuro. Mas também descobri que, com frequência, a maior fonte de felicidade para eles era sentir que haviam contribuído um pouco para melhorar as coisas.

Aprenda a chorar pelo mundo, não por você

Eis uma lição preciosa: a felicidade é resultado do que damos aos outros. Descobri que algumas pessoas choram por causa de suas decepções e arrependimentos, ao passo que outras choram pelos males do mundo. Quando aprendemos a nos importar com o que acontece com os outros, não apenas com os nossos problemas, é sinal de que conseguimos ver o quadro mais amplo.

É fato também que as pessoas mais felizes e realizadas choram pelos males do mundo e as infelizes choram por elas mesmas. "Parte do processo de envelhecer é você se dar conta de que não estará aqui para sempre e que a história continuará além de você", afirma Susan, 68 anos. "É importante a maneira como tratamos uns aos outros e como interagimos com o meio ambiente. Temos que pensar sobre as consequências que causaremos no futuro."

A busca da felicidade talvez seja o subproduto de alguma coisa mais profunda, como disse Joana, 64 anos. "Se você está infeliz, é melhor se ocupar com os problemas de outra pessoa. Se você se concentrar em si mesma, se sentirá infeliz. A felicidade vem de servir e amar."

Quando Lena, minha filha mais velha, estava no ensino médio, seu objetivo na vida era se "tornar famosa". Curioso, perguntei-lhe por que desejava se tornar uma celebridade. "Quero que as pessoas me conheçam pelo nome", explicou. Parece que esse é um fenômeno coletivo. Uma pesquisa mostrou que cerca de um terço dos alunos do ensino médio tinha como objetivo ficar famoso. Em um mundo viciado em programas do tipo *Big Brother*, ser conhecido, de certo modo, substituiu *tornar-se importante*.

Na ocasião, disse à minha filha que fama sem contribuição era algo pouco significativo, mas que a contribuição sem fama, essa sim, era a própria recompensa. As pessoas mais felizes que entrevistei sabiam que sua vida havia tido importância, que haviam sido úteis para o mundo. Já as infelizes se concentravam nelas mesmas — na busca da felicidade, do amor e na aquisição de bens materiais, status e "fama".

Conversar com tantas pessoas mais velhas me deu uma nova perspectiva sobre uma verdade antiga — de que vivemos em um mundo que não nos pertence. Quem chega ao final da vida consciente de ter deixado as coisas em melhores condições do que havia encontrado está em paz com o seu legado, mesmo que suas contribuições tenham sido banais (filhos, o progresso de uma causa e seu impacto em um pequeno grupo de pessoas).

Será que temos a capacidade para mudar o mundo? Uma das

coisas que aprendi com a física é que as coisas são interligadas. Partículas atômicas separadas pelo espaço físico interagem entre si e influenciam o movimento do planeta. O mesmo ocorre no mundo dos negócios. Cada um de nós muda o "movimento" do mundo interagindo com ele. O conjunto dessas mudanças sutis molda o futuro.

Robert Kennedy escreveu certa vez que poucos terão a grandeza de mudar o rumo da história, mas cada um pode trabalhar para mudar uma pequena parte do acontecimento e o somatório de todos esses atos irá escrever a história de uma geração. "É a partir de numerosos e distintos atos de coragem e convicções que a história humana é moldada. Cada vez que um homem se ergue por um ideal, que age para melhorar muitos outros ou combate a injustiça ele desperta uma tênue esperança que atravessa milhões de centros de energia diferentes, e a audácia de uns e outros, e aquelas pequenas ondulações constroem uma corrente capaz de devastar as mais poderosas muralhas de resistência e opressão."

Lembro da primeira vez que vi a Via Láctea. Criado em uma grande cidade, raramente via mais do que algumas estrelas à noite. Mas, na faculdade, fui às Ilhas Bermudas e, na época, havia pouca iluminação elétrica nas ilhas mais afastadas. Uma noite, por volta da meia-noite, subi com alguns amigos até o topo de uma colina e deitei na grama para observar o céu na noite escura. Tendo o coaxar de sapos como trilha sonora, avistei a Via Láctea pela primeira vez. Era uma parte do céu tão densa de estrelas que parecia que o Criador fizera jorrar leite no céu.

O local era ainda mais inspirador porque a Via Láctea, na verdade, não está "lá fora" — o nosso sistema solar (o Sol e todos os planetas) é que está no meio da galáxia conhecida como Via Láctea.

Enquanto admirava o céu, lembrei do que havia aprendido em uma aula de Astronomia: que muitas das estrelas que vemos de noite podem já não existir. Estão tão distantes do nosso planeta que sua luz leva milhões de anos para nos alcançar. Ou seja, eu estava vendo a luz de estrelas que já estavam extintas. Com 19 anos, lembro-me de ter pensado que a vida de algumas pessoas era como aquela luz que brilha muito tempo depois de ter desaparecido. Pedi que a minha vida fosse daquele tipo.

O quinto segredo é *dar mais do que receber*. Quando isso acontece, estabelecemos uma ligação com uma história maior do que nós mesmos. E, automaticamente, a felicidade vem ao nosso encontro. Veja as perguntas que o ajudarão a viver esse segredo:

- Nesta semana fiz alguma coisa para tornar o mundo um lugar melhor?
- Nesta semana lembrei a mim mesmo que posso fazer diferença mesmo que não veja?
- Fui amável, generoso e caridoso? Como posso reforçar esse comportamento amanhã / na próxima semana?
- Será que me concentrei nas necessidades do meu "pequeno eu" (busca de coisas materiais, status e poder) em vez das necessidades do "eu maior" (que é minha contribuição para tornar o mundo a meu redor um lugar melhor)?
- Como posso viver melhor este segredo na próxima semana?

CAPÍTULO 8

A hora de pôr os segredos em prática

O problema com o senso comum é que ele não é comum.

Mark Twain

Sabedoria é saber o que fazer a seguir; virtude é fazê-lo.

David Starr Jordan

Conhecer os segredos não é suficiente. Cheguei a essa conclusão depois de conversar com Ron, 71 anos, o homem que trocou a medicina pela quiroprática, apesar das vozes contrárias. Dono de uma presença calma e centrada, ele ensinou que o segredo da felicidade e da realização pessoal é seguir os caminhos do seu coração. Em diversas ocasiões importantes, seus instintos indicaram a necessidade de promover mudanças em sua vida e ele nunca hesitou. Fazer isso exigiu de Ron muita coragem e independência para ignorar a opinião dos outros, mas acima de tudo ele sabia onde queria chegar.

Fiquei interessado em saber como ele sabia que devia seguir o que seu coração mandava. "É difícil explicar, mas é como se escutasse uma voz me dizendo o que fazer. Era preciso ter disciplina para ouvir e depois coragem para fazer o que precisava ser feito, mas quando a pessoa sabe o que quer, não pensa duas vezes", explica.

Para muitos, o maior bloqueio não é a percepção do que devem fazer, mas a decisão de começar a agir. É possível que muita gente conheça os segredos da felicidade e do propósito da vida, mas não os coloque em prática.

Saber é apenas o primeiro passo

Pense em todas as coisas que você sabe que deve fazer e sobre as quais não toma atitude alguma. O hábito de fumar, por exemplo, pode levar à morte, assim como o sedentarismo, a alimentação errada e o estresse em alto nível. Você também sabe que os relacionamentos são importantes e, muitas vezes, frágeis, mas, assim mesmo, quase sempre os negligencia. Sabe ainda que o dinheiro não compra a felicidade, que a vida é curta e que os pensamentos negativos e derrotistas podem destruir a felicidade. Enfim, você tem consciência de muita coisa importante para a sua vida, mas isso não basta.

Considere as pessoas que sofrem de doenças coronarianas (bloqueio das artérias). Mesmo depois de passarem por procedimentos cirúrgicos de emergência, ou mesmo de experiências de quase morte, e de serem avisadas que precisam escolher entre mudar de hábitos ou morrer, a maioria não faz nada. Mesmo diante da certeza quase absoluta de que o bloqueio das artérias as levará à morte se não mudarem o estilo de vida — afinal, mudar ou morrer é algo bem fácil de entender — as pesquisas mostram que mais de 70% das pessoas não conseguem mudar. A meu ver, isso é a comprovação de que viver os segredos é tão importante quanto conhecê-los.

Tenho certeza de que os cinco segredos encontrados neste livro — *ser fiel a si mesmo, viver sem arrependimentos, agir sempre com amor, aproveitar o momento e dar mais do que receber* — são os pilares para uma vida feliz e com um propósito a cumprir. É bastante provável que muitos conheçam alguns desses segredos, ou a maioria deles, pois seus corações vêm lhe dizendo tudo isso a vida inteira — a questão é como colocar esses segredos em prática. Como *começar*, agora que *sabemos*? Acredito que essas entrevistas respondem a essa pergunta.

O passo a passo da mudança

Neste capítulo, apresento algumas sugestões de mudança e ensino como usar esse conhecimento para viver os cinco segredos. Para realizar as mudanças basta usar o método de aprendizagem por meio do qual o ser humano se desenvolve. Refiro-me à maneira como aprendemos a maioria das aptidões que necessitamos para o dia a dia, tais como a linguagem e as habilidades motoras.

A aquisição da linguagem é um ótimo exemplo de aprendizagem natural. Durante meus anos de escola, estudei pelos menos seis idiomas (latim, grego, hebraico, francês, espanhol e italiano). Apesar de ter frequentado os cursos, não sei escrever ou falar mais do que uma frase completa em qualquer outra língua que não seja o inglês. No entanto, com apenas poucos anos de idade já dominava o inglês, apesar de muitos especialistas a considerarem uma língua de difícil aprendizagem. Por que a criança domina sua língua nativa e raramente consegue dominar uma segunda língua, aprendida mais tarde por meio de cursos?

Parte da resposta se encontra no fato de que o ser humano aprende vendo, ouvindo e experimentando. A maior parte da aquisição da linguagem não se dá através das tentativas formais de ensino. Pelo contrário, ao observarmos nossos pais conversando e circulando pela casa chamando as coisas pelos nomes, percebemos como as frases se juntam. Com a ajuda de algumas correções, construímos um vocabulário e usamos as palavras para construir frases. Aprendemos por meio da observação, da imitação e da experimentação.

O mesmo acontece com o ato de andar. Ainda me lembro do dia em que minha filha mais velha, Lena, deu os primeiros passos. Até então ela só conseguia ficar em pé por algum tempo. Um dia, no banheiro, minha mulher estava a cerca de um metro e meio distante dela e lhe disse "venha cá". Com passinhos incertos, cambaleantes, ela caminhou em sua direção. Mesmo sem um ensino formal, ela aprendeu a andar. Mas como? A resposta é simples: aprendizagem natural. Ela observou e depois experimentou até conseguir imitar.

O processo de aprendizagem natural tem duas etapas: *conhecimento e experimentação*. Ou seja, é preciso prestar atenção, tentar coisas novas e fazer correções constantes até atingir o domínio completo. Essa ideia inclusive se aplica à vida de modo geral.

Se o conhecimento é o primeiro passo do processo natural de aprendizagem, podemos dizer que *nos movimentamos na direção do que guardamos em nossa consciência*. Eis uma ideia simples com consequências profundas. *Nós nos tornamos aquilo em que prestamos atenção. Quanto mais focamos em determinada imagem, maior é a probabilidade de nos aproximarmos dela.*

É preciso ter metas específicas

Anos atrás conduzi um estudo com pessoas que estavam tentando realizar mudanças simples, porém importantes, em suas vidas: emagrecer, fazer exercícios com regularidade, alimentar-se de maneira saudável, falar mais alto, ter mais equilíbrio, e assim por diante.

Divididas em dois grupos, as pessoas listaram as mudanças que queriam fazer em suas vidas (*saber e* se *conscientizar*). Em seguida, os dois grupos foram instruídos a realizar as mudanças (*tomar a iniciativa*) com métodos bem diferentes um do outro.

Um grupo estabeleceu metas específicas: correr três vezes por semana, comer apenas alimentos saudáveis durante dez semanas etc. A regra era anotar as metas e fazer comentários sobre elas uma vez por semana, durante 12 semanas.

O segundo grupo recebeu cartões para anotar palavras e frases que lembrassem as mudanças que queriam fazer (comer de maneira saudável, praticar mais atividade física, defender-se em voz alta, ter mais tempo para si mesmo). Os cartões deveriam acompanhá-los durante 12 semanas. A proposta era pegá-los de dez a vinte vezes por dia, ler as frases escritas e confirmar as escolhas. Manter o cartão à vista e repetir várias vezes o processo de confirmar escolhas era a regra.

Além disso, os grupos não podiam se envolver em brigas nem em monólogos negativos. Doze semanas depois, os dois grupos haviam progredido, mas o que recebeu os cartões conseguiu realizar três vezes mais mudanças. Conclusão: *o simples ato de prestar atenção promove mudanças.*

Dissecando e entendendo o experimento

Vale a pena tentar entender por que o simples ato de manter à mão uma informação e relembrá-la constantemente pode gerar mudanças significativas. Não esqueça que o modo "natural" de aprendizagem se baseia na atenção e experimentação. Foi dessa forma que aprendemos as tarefas mais complexas do início da vida: andar e falar. As maneiras como arquivamos as informações e adquirimos conhecimento refletem esse método.

Por que o simples ato de levar o cartão a todo lugar e relê-lo sempre que possível funcionou melhor do que a definição de metas? Essa é uma pergunta importante e a resposta é simples. Embora a definição de metas acione o conhecimento acumulado, ela pode afetar negativamente a experimentação. Por exemplo, uma pessoa que estabelece a meta de correr três vezes por semana mantém esse objetivo em sua mente e pode até alcançá-lo. No entanto, o que acontece se ela se machucar na primeira semana e não puder correr na semana seguinte? E se ela não gostar de correr? O resultado mais provável é que ela sinta que fracassou e suspenda as tentativas de se tornar uma corredora. É provável também que perca outras oportunidades de se tornar mais ativa.

Agora compare essa pessoa com outra que mantém à vista um cartão escrito com as palavras "Seja mais ativa e fique em forma".

Só pelo fato de olhar esse cartão de dez a vinte vezes por dia, ela pode tomar inúmeras decisões a respeito de sua saúde. Pode usar a escada em vez do elevador, fazer uma caminhada em vez de ficar sentada em sua mesa durante a hora do almoço ou mesmo chamar uma amiga para jogar uma partida de tênis.

O conhecimento leva à experimentação. Com certeza, a fixação de metas e o conhecimento podem ser combinados para um resultado ainda melhor, mas se eu tivesse que sugerir um só método para fazer mudanças na minha vida, começaria levando o cartão na carteira.

Foi o que fiz quando tinha 41 anos e percebi que tinha uma ótima profissão, uma ótima família e centenas de conhecidos, porém pouquíssimos amigos de verdade. Havia concentrado tanta energia em meu trabalho que me afastara dos amigos. Foi assustador notar, de repente, que não tinha nenhuma amizade antiga. Senti que tinha de fazer alguma coisa com relação a isso, mas o quê?

Escrevi a palavra "amigos" em um cartão e comecei a levá-lo comigo. Todos os dias eu pegava o cartão cerca de 15 vezes e o olhava. Para falar a verdade, as primeiras semanas foram meio depressivas, porque muitas vezes eu olhava o cartão e lembrava o quanto havia negligenciado essa parte da minha vida. Fiz um esforço para ficar ciente — *prestar atenção* — do quanto ter amigos era importante para mim.

Depois de carregar o cartão durante duas semanas, decidi que o primeiro passo seria fazer uma lista como faziam as meninas da escola quando pensavam nos convidados para o baile de formatura. Enumerei os nomes de todos os conhecidos que julgava possível se tornarem amigos. A lista tinha seis nomes. Nos meses seguintes, comecei a telefonar para eles e combinar almoços, encontros para um café e, de vez em quando, uma reunião social. Não falei "Estou procurando amigos e você está na minha lista", apenas comecei a prestar atenção e a desfrutar o momento.

Nessa época eu era presidente de uma organização sem fins lucrativos. Uma noite, após uma reunião cansativa, estava ansioso para ir para casa descansar. Então, outro membro da diretoria, Bryan, perguntou se eu não queria sair e comer alguma coisa com ele. Estava quase dizendo não quando lembrei que levava o cartão em meu bolso. Bryan não estava na minha lista, mas me pareceu ser uma pessoa que eu iria gostar de conhecer. O cartão me fez mudar de ideia. Algum tempo depois, ele se tornou um amigo querido.

Carreguei o cartão na carteira durante quase um ano e meio, tempo em que fiz seis amigos, três dos quais estavam em minha lista original e os outros não. Agora, sempre que me dou conta que estou negligenciando esse aspecto da minha vida, a imagem daquele cartão surge em minha mente e me leva de volta ao que importa.

Como ensino essa técnica há anos, já escutei muitas histórias sobre o poder do "cartão" de realizar mudanças na vida das pessoas. Certa vez uma senhora me contou que usou a técnica para modificar seu relacionamento com o enteado adolescente. Ela escreveu num cartão a frase "Não reagir a Nathan". Dois meses depois, o relacionamento havia mudado radicalmente para melhor. Toda vez que estava prestes a reagir negativamente, ela se lembrava do cartão que trazia na bolsa e modificava suas maneiras. "Estávamos sempre nos provocando e acho que isso acontecia porque eu reagia a ele de forma negativa", disse.

Outra pessoa, um homem, contou que tinha decidido se esforçar para ser mais gentil no trato com as outras pessoas, especialmente as mais próximas. Começou a levar o cartão aonde quer que fosse. Após algumas semanas, começou a ouvir comentários a respeito da mudança significativa que haviam observado nele e a ser indagado sobre o que estaria acontecendo. Ele simplesmente sorria. Poucos meses depois, recebi uma carta sua relatando como o seu relacionamento com a mulher e com os colegas de trabalho havia melhorado por causa daquele pequeno cartão.

Se você está pensando em pegar um cartão e escrever os cinco segredos, não o faça. Apesar de não ser uma má ideia, não é recomendável porque o ser humano não é muito bom em processamento paralelo. Quando trabalhamos em muitas coisas ao mesmo tempo, quase sempre acabamos paralisados e incapazes de agir. É preferível voltar a pensar nos cinco segredos deste livro. Qual deles merece mais atenção neste momento? Invista somente em um segredo e, se possível, escolha um ponto específico. Exemplo: se o segredo mais importante para você nesse momento é *Agir sempre com amor*, você sabe que dedicar mais tempo à família é fundamental, portanto escreva em seu cartão: *Agir sempre com amor e dedicar mais tempo à família.*

Caso o segredo mais importante para você neste momento seja *Não se arrepender de nada (arriscar mais)*, conhecer novas pessoas poderia ser o seu foco, o que levaria a uma frase como: *Não se arrependa de nada e faça novos conhecimentos.*

Experimente manter o cartão com você durante os próximos meses. Comprometa-se a olhá-lo pelo menos dez vezes por dia. Mas não basta olhar para o cartão, é preciso se conscientizar das escolhas que está fazendo *em cada momento*. Assuma o compromisso de manter o cartão à vista até que tenha progredido de maneira significativa em relação à sua intenção. Como mencionei anteriormente, eu mantive o cartão para fazer novas amizades durante um ano e meio. Só o tirei da carteira quando senti progressos reais, ou seja, quando fiz alguns amigos.

Muitas vezes queremos mudar, mas tentamos por um curto período de tempo e desistimos antes que a mudança seja significativa, ou que os novos hábitos se tornem sólidos. Escrever sua intenção em um cartão e trazê-lo junto com você tem aplicações em muitas esferas da vida. O princípio fundamental é *Nós nos tornamos aquilo em que prestamos atenção.*

A mudança se inicia com uma pergunta

Outra técnica para "agir quando estiver preparado" me foi apresentada por Marshall Goldsmith, autor de *Reinventando o seu próprio sucesso.* Especialista em liderança pessoal, ele confessou que tem uma lista de 18 perguntas que faz a si mesmo todos os dias. Essa rotina o faz refletir sobre a vida e a verificar se ela está "no caminho certo". São perguntas bastante específicas (Você ficou zangado hoje? Foi carinhoso com sua mulher?) e ele as responde diariamente com sinceridade.

Ter a sua própria lista de perguntas para fazer a si mesmo todos os dias (ou semanalmente) é uma ótima maneira de aplicar o processo de aprendizagem natural: *preste atenção e experimente.* Siga essa regra e mantenha esses pontos constantemente em sua mente. O resultado de tanta reflexão é que você começa a pensar nos meios de experimentar e de fazer mudanças que encaminhem sua vida para uma situação mais ideal.

A importância de corrigir a si mesmo e de refletir para encontrar felicidade e propósito na vida é a principal lição que aprendi com as 235 pessoas entrevistadas. Elas não nasceram mais sábias que as demais. Na verdade, muitas admitiram o quanto aprenderam e cresceram no decorrer dos anos com o processo de reflexão constante seguido de uma ação corretiva — ou seja, de pensar demoradamente a respeito dos próprios atos e de tomar uma atitude para corrigi-los. As vidas desses 235 "sábios" foram o resultado de anos de pequenos ajustes.

A vida pode ser mais plena e feliz se as pessoas simplesmente refletirem mais. Uma maneira de fazer isto é selecionando um conjunto de perguntas que se concentre nos cinco segredos e a cada semana dedicar um pouco de tempo a ponderar sobre o assunto.

No final desse capítulo há uma lista de 24 perguntas que você pode usar como base para criar a sua própria lista. As perguntas sugeridas respeitam as duas etapas do processo de aprendizagem natural — *conhecimento e experimentação* — e nos ajudam a ir aonde desejamos.

Analisamos anteriormente a ideia de que algumas das habilidades básicas da vida, como o ato de andar e o desenvolvimento da linguagem, são adquiridas por um processo de aprendizagem natural que valoriza a atenção e a experimentação. O cartão e as perguntas são duas abordagens que ajudam a colocar em prática esse processo, pois se propõem a dar um passo além das perguntas sobre que mudanças podem ser feitas naquele momento para facilitar a sua conscientização. Mas existe ainda um elemento do processo natural de aprendizagem que ainda não abordei.

Mudamos melhor quando mudamos juntos

Ninguém aprende a andar e a falar sozinho. A maioria teve algum tipo de treinador: pais, irmãos e parentes com a responsabilidade de nos segurar e incentivar. Quando balbuciamos "papa", as pessoas dizem "Você quer dizer papai". Quando ficamos em pé pela primeira vez e logo caímos, não nos dizem "Que bobo desajeitado que você é" e sim "Muito bem, vamos tentar outra vez. Talvez se segurando primeiro na mesa".

Imagino a dificuldade de aprender a andar e a falar sem o treinamento e o encorajamento dos outros. Curiosamente é o que fazemos quando tentamos fazer mudanças em nossa vida adulta sem pedir os conselhos ou estímulos das outras pessoas.

Quando Marshall contou sobre as 18 perguntas diárias que fazia a si mesmo, disse que todo dia sabatinava um amigo e, em troca, era sabatinado. Diariamente um verificava se o outro estava agindo de modo responsável e aproveitavam para se encorajar mutuamente. Por que não formar uma parceria com alguém que esteja lendo este livro e esteja interessado em pôr em prática os segredos da felicidade e da realização? Questionem-se, encorajem-se e proponham correções de rota quando for necessário. Muda melhor quem muda junto.

Outra técnica simples é reservar de trinta a sessenta minutos por semana para refletir sobre a vida. Há um provérbio cristão que diz "Sente-se em sua cela e sua cela lhe ensinará tudo". Quando refletimos, em geral decidimos o que precisamos fazer. As respostas estão dentro de nós. A disciplina de ouvir é extremamente importante. Temos apenas uma vida e o tempo passa muito rápido. Dedicar um tempo para refletir e escutar é uma forma de evitar que a vida se desvie de suas verdadeiras intenções. Quando nos habituamos à reflexão diária, ou semanal, para determinar se estamos "acertando o alvo", abrimos espaço para fazer os pequenos ajustes que resultam numa vida louvável.

Uma senhora lembrou que "não se pode ouvir a própria alma ao mesmo tempo em que se assiste a *Os Simpsons*". Vivemos uma época agitada, cheia de tarefas e barulhos, em que a reflexão não faz parte do cotidiano. Mesmo quando estamos em um quarto de hotel sozinhos, quase sempre ligamos a TV. Não deveríamos fazer isso. A quietude permite escutar aquelas pequenas vozes serenas dentro de nós e isso é fundamental para uma vida bem vivida.

Assuma o compromisso de refletir uma vez por semana. Pergunte a si mesmo se a sua vida está no rumo certo e como deve se comportar na próxima semana. Imagine a força dos pequenos ajustes realizados no decorrer dos anos. Assim como os juros compostos aumentam a poupança no banco, as pequenas mudanças que fazemos em nossas vidas acrescentam resultados significativos. Quem não dispõe de tempo para refletir sofre. Com o tempo, os pequenos saldos podem se tornar um débito impossível de ser pago.

Quais são os rituais de sua vida?

Percebi que muitas pessoas criam rituais para ajudá-las a viver os segredos de maneira mais profunda. Temos a tendência de associar ritual com religião, mas ele pode ser qualquer prática ou padrão de comportamento que se realiza regularmente e de maneira programada. Para algumas pessoas, ir a uma determinada cafeteria pode ser um importante ritual matinal. Com o tempo, o que começa como mera rotina pode moldar a experiência de vida de cada um.

Segundo Joel, 62 anos, dois rituais definem seu estilo de vida. Quando ele se levanta de manhã, a primeira coisa que faz é dedicar alguns minutos para se lembrar da dádiva de estar vivo: "Agradeço a Deus por mais aquele dia. Nesse momento, peço para tratar o dia de hoje como um grande presente e que eu não o desperdice." Na hora de deitar, ele faz outra meditação. "Faço uma resenha do dia, penso em todas as coisas pelas quais me sinto grato e rezo para ter mais um dia para me alegrar por estar vivo."

Léa, 58 anos, é uma pessoa muito ocupada. Mesmo assim, medita todas as manhãs. "Reservo um tempo para ficar em silêncio. Quase sempre leio alguma coisa que me deixa no estado de espírito certo para o dia e faço uma prece para que possa notar aqueles em meu caminho para quem uma palavra amável, um sorriso ou um agradecimento pode fazer a diferença", explica.

Jim prefere fazer caminhadas. Antes, as chamava de "caminhadas de denúncia" porque comentava em voz alta todas as coisas que o desgostavam no mundo. Um dia, decidiu começar a fazer "caminhadas de gratidão". "Enquanto caminho, vou revendo todas as coisas pelas quais sou grato e não me permito pensar em coisas negativas", afirma.

Há muitos anos conheci uma enfermeira que trabalhava na enfermaria de câncer. Como seu trabalho a obrigava a acompanhar o sofrimento dos outros, ela escolheu uma canção para ouvir no caminho para o trabalho. Essa música a lembrava da dádiva que era estar viva e levantava seu espírito. "A música me preparava para enfrentar o dia", diz.

À medida que escutava essas histórias, comecei a entender o poder que os rituais exercem sobre as pessoas e também a imaginar o efeito que a meditação diária — agradecimento ao universo pela dádiva de mais um dia — tem sobre as experiências de vida de uma pessoa.

Os rituais são tão importantes que precisamos ser muito cuidadosos ao introduzi-los em nossa rotina. Jim fez "caminhadas de denúncia" muitos anos antes de transformá-las em "caminhadas de gratidão" e a enfermeira teve que arranjar uma canção para aquecer o seu coração todas as manhãs e preparar o seu espírito para o dia de trabalho que se iniciava.

Uma boa ideia antes de criar novos rituais é tomar consciência dos que já existem em seu cotidiano. Como você começa o dia? Qual é o seu estado de espírito para esse dia? Como termina o seu dia? Quais são os últimos pensamentos que surgem antes que você os transfira para os seus sonhos? Que tipo de ritual eleva o seu espírito e qual tem efeito contrário?

À medida que nos tornamos mais conscientes dos rituais que definem o nosso jeito de ser e de viver, tornamo-nos capazes de modificá-los. Por exemplo: começo o meu dia lendo a declaração de visão pessoal que criei para a minha vida. *Estou contente. Estou de bem com a vida.*

Ao ler essa declaração todas as manhãs envio uma mensagem à minha mente sobre a minha intenção na vida antes que o dia se aposse dela. Os pensamentos e as palavras são elos poderosos de uma corrente que define nossa maneira de viver. Há um provérbio que define muito bem esse conceito: "Tome cuidado com os seus pensamentos porque eles podem se tornar as suas palavras. Tome cuidado com as suas palavras porque elas podem se tornar atos reais. Tome cuidado com os seus atos porque eles podem se tornar hábitos. Tome cuidado com os seus hábitos porque eles podem formar o seu caráter — e o seu caráter se tornar o seu destino."

A verdade é que existem muitas outras maneiras de transformar a sabedoria em ação, mas creio que os métodos aqui discutidos formam uma base suficiente. Não adianta saber o que torna uma vida feliz e significativa se esse conhecimento não se traduzir em ação. É preciso saber e agir.

Para Joel, 62 anos, entrar em ação sem ter uma visão é um desperdício de tempo e o contrário — ter uma visão sem ação — é apenas fantasia. O segredo é a visão como um caminho para a ação. Conhecer os segredos não mudará a sua vida, vivê-los sim.

Reflexões diárias ou semanais sobre os cinco segredos

Segredo	Perguntas para reflexão
Ser fiel a si mesmo (Refletir mais)	• Este dia (ou semana) foi satisfatório? O que tornaria o dia de amanhã ou a próxima semana mais adequados? • Tenho sido o tipo de pessoa que desejo ser? De que forma posso parecer mais com a pessoa que desejo ser amanhã ou na próxima semana? • Estou seguindo meu coração? O que significaria seguir o meu coração? • O que preciso fazer para viver este segredo de forma mais intensa na próxima semana?

Não ter arrependimentos (Arriscar mais)	• Será que tive medo no dia de hoje (ou nesta semana)? Como posso ser mais corajoso amanhã (ou na próxima semana)? • Será que agi de acordo com minhas convicções? De que forma posso ser mais firme em minhas convicções na próxima semana? • Que passo daria em minha vida nesse momento se fosse uma pessoa corajosa? • O que diria o velhinho ou a velhinha da varanda sobre a decisão que estou tomando neste momento? Estarei cultivando futuros arrependimentos? • De que maneira estou reagindo aos contratempos? Estou prosseguindo ou recuando? • De que maneira devo aprofundar a vivência deste segredo na próxima semana?
Agir sempre com amor (Amar mais)	• Reservei espaço para os amigos, para a família e para os relacionamentos nesta semana? • Será que fui amável e amoroso com as pessoas mais íntimas? De que forma devo ser mais amável com elas amanhã ou na próxima semana? • Difundi amor e bondade no mundo hoje (esta semana)? Agi como se cada desconhecido fosse uma pessoa para quem eu fizesse diferença? • Qual dos meus dois lobos alimentei hoje (esta semana)? Passei algum tempo com pessoas que elevam meu espírito? Fui amável comigo mesmo? Incentivei monólogos ou ideias fixas

	negativas? Estou plantando flores ou ervas daninhas em minha mente inibida? • De que maneira posso viver este segredo mais a fundo na próxima semana?
Viver o momento presente (Desfrutar mais)	• Desfrutei plenamente tudo que fiz hoje (ou nesta semana)? Estava de fato "ali" ou só marcando presença? • Apreciei todas as coisas agradáveis que estiveram ao meu dispor hoje (ou nesta semana)? Caminhei pela vida consciente ou apenas passei correndo? • Senti-me grato por alguma coisa hoje (ou nesta semana) ou me flagrei dizendo "eu seria feliz se..? • Será que vivi o presente ou deixei a felicidade deste dia (ou desta semana) ser roubada pelo dia de ontem ou o de amanhã? • Levantei-me hoje de manhã agradecendo por mais um dia? • De que maneira posso viver este segredo com mais intensidade na próxima semana?
Dar mais do que receber (Retribuir mais)	• Será que dei minha contribuição, mesmo que pequena, para fazer do mundo um lugar melhor? • Será que lembrei a mim mesmo que estou fazendo diferença, mesmo que não perceba? • Fui amável, generoso e caridoso nesta semana? Como posso reforçar essa atitude amanhã (ou na próxima semana)?

- Será que me concentrei nas necessidades do meu "pequeno eu" (busca de coisas materiais, status e poder) em vez de nas necessidades do meu "eu maior" (que é minha contribuição para tornar o mundo a meu redor um lugar melhor)?
- De que forma posso viver este segredo mais a fundo na próxima semana?

Área de foco:	*Na próxima semana, quero prestar mais atenção em . . . (escolher uma coisa somente)*

CAPÍTULO 9

As pessoas felizes não têm medo de morrer

Os que vivem com sabedoria não temem nem a morte.

Buda

Meu sogro tem sessenta e poucos anos e uma saúde excelente. No ano passado, quando estávamos jantando, ele de repente comentou que vinha pensando em sua morte. Decidira que não queria lágrimas em seu funeral (e a essa altura, minha mulher, é claro, começou a chorar). Continuou dizendo que era muito importante para ele que todos soubessem que não tinha medo de morrer. "Quando eu era mais jovem, lembro de ter medo da morte, mas agora que estou chegando perto, não sinto medo", explicou.

Seguiu-se então um papo emocionado sobre a sua vida, com direito a lágrimas derramadas e muitas palavras afetuosas. Foi como um presente para a família, pois ele se dispôs a falar sobre o que é inevitável para todos, a morte. Como isso ocorreu antes de eu iniciar o projeto dos idosos sábios, deu tempo de acrescentar duas perguntas ao questionário usado nas entrevistas: "Agora que você está mais velho, o que mudou na sua visão da mortalidade?" e "Como se sente a respeito de sua própria morte?" Estava curioso em saber como se sentiam diante da própria mortalidade as pessoas que haviam tido uma vida sábia e um propósito na vida.

Conversar sobre morte com 235 pessoas acima dos 60 anos é muito diferente de discutir o assunto com pessoas na faixa dos 30 anos. A maioria já tinha perdido entes queridos (esposas, maridos, companheiros, pais e amigos) e algumas haviam tido experiências de quase morte. Para esse grupo, a morte não era uma possibilidade distante, mas parte de sua paisagem mental diária. Nada mais natural que pensassem no fato com mais frequência, visto que sua hora estava mais próxima ou, como disse Antony, 86 anos, "porque passei da data de validade".

Tive a oportunidade de aprender lições de vida animadoras, profundas e extremamente reconfortantes. O presente mais bonito que posso dividir com você, leitor, é dizer que poucas pessoas demonstraram medo de morrer. A maior parte assimilara a consciência da morte. Pelo visto, quem vive de maneira sábia não teme a morte. Portanto, coloque em prática os cinco segredos deste livro e, igualmente, não tenha medo de morrer.

O médico David Kuhl, autor do livro *What Dying People Want* (De que precisam os doentes terminais), concorda com a afirmação de que as pessoas felizes não têm medo de morrer. Parece um pouco irônico, sem dúvida, porque seria natural que aqueles que amam a vida tivessem mais medo de morrer, mas esse sentimento é comum mesmo entre as pessoas mais jovens.

A verdade é que morremos da maneira que vivemos. Quem vive com sabedoria tende a aceitar a morte como parte da vida. Bob, 59 anos, garante que a ideia de morrer não o aflige. "Quando eu for embora, terei um sorriso em meu rosto, pois estou de bem com o meu legado e com a maneira como tenho vivido. Meu pai desejava ter vivido de forma diferente e eu prometi que não faria isso. A coisa mais importante é cumprir o que você veio fazer aqui, e eu cumpri."

O que as pessoas mais temem no fim da vida não é a morte e sim a sensação de que não viveram de forma plena. Tom, 64 anos, o líder espiritual Búfalo Branco, que durante quase vinte anos conduziu cerimônias em sua comunidade, conta que na cultura Metis a morte é parte natural do processo de viver. "O que temos medo é de achar que alguma coisa ficou faltando, de não ter cumprido o nosso destino. A morte faz parte da vida, mas para aceitá-la, é preciso saber que a vida foi plena", explica.

Elsa, 71 anos, expressou sentimentos semelhantes: "Deve ser horrível sentir que a gente não fez tudo que poderia ter feito. É preciso viver plenamente para não sentir arrependimento depois." Esse tema se repetiu mesmo entre os idosos que tiveram experiências de quase morte, pois invariavelmente todos diziam que essa experiência deixou claro que morrer não era uma coisa desagradável.

Dick, 70 anos, tinha 50 anos quando teve uma parada cardíaca durante um exame. "Ainda me lembro da sensação de sair do meu corpo e ver os médicos e as enfermeiras tentando me ressuscitar. Eu os ouvia dizer 'fique conosco, vamos, fique conosco'. Não vi nenhuma luz branca, nem encontrei Jesus, mas tive a sensação de que não era uma coisa desagradável. Havia uma calma imensa. Desse dia em diante não sinto nenhum medo de morrer", afirma.

Elsa conta uma história marcante de quando era criança. "Eu tinha uma boneca de estimação que foi destruída, então perguntei à minha mãe se a boneca tinha ido para o céu. Ela disse que o céu não existe e que quando alguém morre simplesmente está morto", conta.

Mais tarde, Elsa desenvolveu uma fé profunda e Deus tornou-se uma parte importante de sua vida. Sua mãe, no entanto, jamais se tornou uma pessoa religiosa. "Minha mãe estava no fim de sua vida e eu estava em seu quarto lhe fazendo companhia quando aconteceu uma drástica mudança de luminosidade. O dia estava nublado e as persianas estavam abertas, mas, de repente, o céu se iluminou e uma luz intensa se espalhou pelo quarto. O rosto de minha mãe teve uma expressão de deslumbramento e paz. Quando perguntei se ela queria que eu fechasse as persianas, ela disse que não. Perguntei então se ela tinha visto algo e ela disse 'É muito lindo, mas não posso explicar a você. Quando chegar sua hora, você vai ver'. No dia seguinte, ela morreu."

Muita gente garante ter capacidade de ver o outro lado da vida. Por mais diferentes que sejam as crenças religiosas de cada um, elas parecem encontrar um meio de incorporar a morte em suas vidas. Como veem além, compartilham a sensação de paz e a consciência sutil de que de alguma forma se ligariam ao contexto maior do qual haviam vindo.

Isso me lembra o poeta Derek Walcott, ganhador de um prêmio Nobel, que em seu livro *The Prodigal* escreve que, à medida que se aproximava da morte, era capaz de ver "golfinhos dançando no horizonte e os contornos da silhueta da minha casa". Walcott acha que se fosse mais jovem jamais teria imaginado essa sensação de paz. Da mesma forma que a mãe de Elsa olhando para fora da janela, Walcott encontrou dentro dele uma calma que não conhecia.

Algumas pessoas chegaram a dizer que se preparar para morrer bem é uma das coisas mais importantes que o ser humano deve fazer quando está envelhecendo. Jack, 67 anos, admite que tem pensado cada vez mais no assunto. "Não tenho certeza do que acontece quando morremos, mas se existe justiça, e acredito que sim, vou ser bem tratado", afirma, citando um amigo que teve esclerose lateral amiotrófica (também conhecida como doença de Lou Gehrig ou de Charcot) como exemplo do tipo de morte que gostaria de ter. "Ele queria ter os amigos por perto e mesmo quando já não podia falar, ainda assim mantinha o senso de humor."

Pelo visto, Jack gostaria de morrer sem reclamar e sem perder o senso de humor, deixando claro para os que ainda estão vivos que morrer faz parte da vida. "Esse é o último presente, a última contribuição direta que você pode dar — a maneira como decide morrer", diz.

Talvez seja necessário passar a vida inteira se preparando para ter uma boa morte. Afinal, é preciso assimilar a realidade de nossa mortalidade, para poder morrer em paz. A esse respeito, Ron, 71 anos, disse: "O último ciclo da nossa existência, o 'outono da vida', tem a ver com a preparação para a morte, que é o desprendimento da vida. Até que tenhamos aprendido a morrer, não sabemos o que é viver. Pode acontecer amanhã ou daqui a vinte anos, nunca se sabe, mas se você aprender a aceitar a morte como parte da vida, então pode viver."

Essas conversas me mostraram que viver de maneira sábia é o antídoto para o medo da morte. Umas das tarefas mais importantes da velhice é a preparação para a morte, de modo a deixar uma dádiva de esperança àqueles que ficam. Quando entendermos que fazemos parte de uma história muito mais ampla, a morte se torna uma realidade que pode ser aceita de boa vontade.

A maior ilusão da vida talvez seja a de que temos uma existência única, separada de tudo que nos cerca. De uma maneira ou de outra, essas 235 pessoas demonstraram saber que a morte as reuniria a alguma coisa fundamental. Até que o ser humano perceba que não é isolada, e sim interligada, a sensação de desespero prevalece.

Os momentos espirituais mais intensos que já experimentei foram aqueles em que senti essa ligação profunda. Anos atrás eu estava caminhando em uma trilha paralela a um riacho nas montanhas da Itália, perto do mosteiro em que John Milton escreveu o poema *Paraíso Perdido*, quando fui invadido por uma emoção estranha. Enquanto escutava o som da água rolando montanha abaixo, tomei consciência de que fazia parte de um universo maior. Ajoelhei então na margem do córrego e mergulhei minha mão na água gelada. Tive a sensação de que estava unido àquele fluxo de água e a todo o universo vivo. Senti não somente uma profunda aceitação do meu lugar no mundo, mas também a certeza de que algum dia seria reintegrado ao fluxo da vida. Como bem descreveu Walcott em sua metáfora poética, eu também poderia ver "golfinhos dançando no horizonte".

A verdade é que essas conversas me ensinaram tanto a respeito de morrer bem quanto de viver bem. Comecei a perceber a íntima ligação entre a vida e a morte de uma maneira que nunca havia pensado antes. Quando era pastor, notei que as pessoas morrem de modo muito diferente uma da outra, mas agora entendi que morrer e viver não são processos desconexos. Morremos da forma que vivemos e quando vivemos de maneira sábia, não tememos a morte. É o receio de não ter vivido verdadeiramente que nos faz ter medo de morrer. Além disso, também vim a entender que se formos sábios de verdade reconheceremos que a percepção da morte funciona como um lembrete de que o momento de viver é aqui e agora.

Ron talvez tenha razão em dizer que "sem o conhecimento de que a morte faz parte de nossa vida, não estamos preparados para viver plenamente". É preciso estar em paz com a morte, enxergando-a como parte do que significa ser humano, para que possamos encontrar a paz.

CAPÍTULO 10

Lição final: nunca é tarde demais para viver os segredos

A última lição que aprendi, depois de entrevistar 235 pessoas consideradas sábias, foi sobre *timing*. Cheguei à conclusão de que as pessoas que tinham tido vida longa e encontrado felicidade não tinham nada de especial em relação às outras pessoas. O que as diferenciava é que elas tinham vivido os segredos, algumas desde muito jovens e outras só a partir da meia-idade. De qualquer modo, cada uma tinha aprendido muito com a vida e aos poucos se tornado uma pessoa admirada pelas outras.

Portanto, o fundamental não é *com que idade* entendemos os segredos, mas sim *que um dia encontremos* os segredos. Independentemente da idade ou dos erros cometidos até então, o que importa é que a vida só começa a mudar quando adotamos e vivemos os cinco segredos.

Uma das mais importantes qualidades de quem conseguiu fazer isso é a capacidade de perdoar. Muitas admitiam ter sido muito rígidas com os outros, e com elas mesmas, quando mais jovens. Este, aliás, é um tema interessante: viver a vida em vez de julgar a vida — viver o momento tentando aprofundar o conhecimento do que significa existir como ser humano, pois a vida jamais será perfeita e estarmos sempre em busca da satisfação completa.

Don, 84 anos, acredita que a plenitude só acontece quando aceitamos a vida como ela se apresenta. O hábito de julgar nos diminui e nos deixa estagnados, pois proporciona um falso senso de perfeição ou um profundo senso de inadequação. Quanto mais eliminamos a necessidade de comparar, competir, classificar e julgar a própria vida (e a dos outros, é claro), mais nos aproximamos da sabedoria.

Quando você refletir sobre os cinco segredos, tente resistir à tentação de fazer "julgamentos" sobre a sua vida. Ao invés disso, pergunte-se: de que forma posso adotar e viver os cinco segredos mais a fundo?

Certa vez fiz uma palestra sobre o amor para um grupo de homens de meia-idade. Nela, abordei o fato de que com o tempo deixamos de tratar as pessoas mais próximas com gentileza e amor, e citei as pesquisas que mostram a proporção de mensagens negativas ou críticas (são 14 para cada comentário positivo) que as pessoas passam a outros membros da família. No final, várias pessoas vieram falar comigo, mas um senhor "muito sério" esperou até que todos terminassem para se aproximar.

"Foi uma ótima palestra. Enquanto ouvia o que você disse me dei conta da maneira destrutiva que tenho tratado minha família e meus amigos", disse ele. "Quando elas precisavam do meu amor, recebiam meu julgamento; quando ansiavam pela minha compreensão, recebiam críticas; quando esperavam por palavras positivas, eu as afoguei em negatividade. Sua palestra mudou minha vida. Tenho apenas um arrependimento: gostaria de tê-lo escutado trinta anos atrás, porque desperdicei minha vida." Lágrimas escorriam em seu rosto abatido.

Suas palavras me tocaram o coração. Ele conseguiu enxergar a realidade de como vivera sua vida e não gostou do que viu. Tentei encorajá-lo, mostrando como aquela nova percepção poderia ajudar a curar o seu arrependimento. Lembrei do provérbio chinês: "O melhor momento para plantar uma árvore era vinte anos atrás, mas o segundo melhor momento é hoje." Não era tarde demais.

Na verdade, nunca é tarde para adotarmos os cinco segredos encontrados neste livro e mudar um legado de muitos anos. Um ano vivido de maneira sábia pode apagar muitos anos de arrependimento.

Uma das minhas entrevistas preferidas foi com o pintor John, 93 anos, dono de uma vivacidade no olhar e de uma gentileza acolhedora na voz e mãos fortes e cuidadosas. Os primeiros trinta anos de sua vida adulta haviam sido dedicados ao movimento comunista e, embora ainda acreditasse nos ideais políticos, a experiência partidária o haviam desapontado profundamente. Mesmo assim, ele tinha um encanto por esse período de sua vida. "Aprendi muitas coisas boas e conheci muita gente interessante. Fiz o melhor que pude dentro da minha capacidade na época", diz, sereno. "Não se pode viver de arrependimento."

Sua segunda profissão, de editor, lhe trouxe muitos prêmios e homenagens e quando chegou à idade em que muitos se recolhem, John começou a pintar. Por volta dos 80 anos fazia exposições de pintura e como suas telas vendiam bem, era sempre convidado para outras exposições. A última vez que nos encontramos, ele estava sentado em um pequeno banco no parque com as mãos dobradas no colo. "Às vezes converso com pessoas de 40 anos ou de 50 anos e elas falam como se a vida tivesse quase terminado", diz. "Mas quero dizer a elas: 'Olha, você está sendo adulto há 20 ou 25 anos. Não é muito tempo para entender a vida. Se chegar à minha idade, pode ter outra vida adulta ou talvez duas, antes de morrer. Portanto, não desista de você.'"

Lembrei de Elsa e sua infância difícil na Alemanha, durante a Segunda Guerra Mundial. Ela me disse que quando vê suas fotos de menina, sente vontade de oferecer àquela criança a perspectiva de vida que adquiriu tantos anos mais tarde. "Estou sempre triste nas fotos, nunca estou sorrindo. Gostaria de dizer àquela menina para ela ter fé porque seus sonhos vão se tornar realidade e ela vai ser feliz. E quero dizer a cada pessoa que ler este livro: 'Se você esperar e continuar crescendo, vai encontrar seus sonhos e fazer diferença enquanto estiver aqui,'" garante.

Tenho esperança de que cada pessoa que vier a ler este livro experimente o mesmo encanto e visão de vida com que fui brindado por essas pessoas sábias. Deixe de julgar a vida que viveu e desfrute a vida que você ainda pode ter. Quaisquer que sejam os erros que tenha cometido, plante uma nova árvore hoje. Comece a viver os segredos agora ou aprofunde sua vivência. Era isto que os sábios queriam que eu soubesse.

EPÍLOGO

Como este livro mudou a minha vida (e pode mudar a sua)

Durante o ano passado, sempre que falava com alguém sobre o projeto de entrevistar 235 pessoas que tiveram vida longa e encontraram a sabedoria, com frequência escutava a pergunta: "De que maneira essas conversas mudaram você?" De fato, essa é uma ótima pergunta e quero compartilhar a resposta com você.

Conforme falei na Introdução, as entrevistas foram realizadas por três pessoas: Olívia McIvor, Leslie Knight e eu, sendo que mais de duzentas foram conduzidas por Olívia e eu. Como ambos temos quarenta e poucos anos, foi como sentar ao lado de um de nossos avós, só que com um tipo de abertura que raramente temos com aqueles que estão mais próximos a nós.

As pessoas nos contaram a história de suas vidas e, às vezes, surgiam recordações dolorosas e arrependimentos profundos, mas também muitos momentos felizes. Havia situações em que eu mesmo ficava com lágrimas nos olhos e animado ou comovido com o que ouvia. Em várias ocasiões eu não queria que a entrevista terminasse, tamanha era a sensação de paz que a pessoa proporcionava. Uma vez cheguei a chorar quando a entrevista chegou ao fim porque senti que estava deixando escapar algo que jamais experimentaria novamente, uma sensação momentânea de felicidade, um momento abençoado captado na história de vida de outro ser humano.

Num certo momento, comecei a perceber pequenas mudanças em meu comportamento. Depois de ouvir um senhor de 93 anos contar que chorava cada vez que via um belo entardecer ou um balé, não só pela experiência em si, mas por não saber se ela seria a sua última, era inevitável estar ciente de que eu também jamais saberia quando veria o último pôr do sol. Por conta disso, o entardecer parecia mais colorido e, de certa forma, os momentos de satisfação começaram a aumentar.

Percebi que era comum pensar em determinadas palavras e frases enquanto seguia a minha rotina. As imagens das pessoas e o que elas diziam ressoavam em meus ouvidos. Caso resmungasse, lembrava do homem que fazia caminhadas de agradecimento e ao acordar no dia seguinte, tratava de agradecer por mais aquele dia, como me havia aconselhado Joel. Igualmente, quando encontrava um estranho e reagia com cortesia, me recordava das histórias de pessoas que anos mais tarde descobriam a importância que haviam tido na vida de um estranho.

E toda vez que me encontrava julgando minha vida, pensava em quantas pessoas haviam dito para viver em vez de julgar. Da mesma forma, se ficava satisfeito, lembrava do conselho para lembrar sempre que "a felicidade está na cabeça".

Um dos entrevistados me contou uma experiência que teve quando era jovem e trabalhava em uma fábrica. Era a respeito de um homem mais velho que havia perdido a metade do braço em um acidente de trabalho e era o seu companheiro de trabalho. Todo dia ele levantava o braço de madeira e implorava a Bill que estudasse para não ficar como ele: "Muitos anos depois ainda o vejo ali sentado, o braço de madeira com a garra levantada, prevenindo-me para ter cuidado e não repetir os erros que ele cometera."

Tenho me sentido muitas vezes dessa forma, como se aquelas pessoas estivessem me mostrando a verdade e pedindo para seguir em frente. Sem dúvida, as entrevistas que fiz para este livro mudaram a minha maneira de ver a morte e a vida. Nossa cultura não costuma falar abertamente sobre a morte. Ela está ao nosso redor, mas fingimos não saber, como se falar a seu respeito convocasse sua chegada prematura e ignorá-la a mantivesse afastada.

Essa experiência me permitiu falar com as pessoas sobre a morte de maneira sincera e muitas vezes profunda. Dia após dia eu fazia a seguinte pergunta, sem hesitações ou embaraços: "Agora que está mais velho, como se sente em relação à morte, *não a morte no sentido abstrato*, mas *à sua morte?*

Aprendi que, quando se vive sabiamente, o medo da morte não existe. Talvez o medo da dor e a possibilidade de se tornar um peso para os outros, sim, mas as pessoas felizes não têm medo de morrer. Quando penso em minha própria morte, descubro que posso alcançar a paz que ouvi nas vozes daqueles que me diziam: "Vivi bem a minha vida e estou preparado para quando chegar a minha hora."

Quando a vida é bem vivida, a morte pode ser tranquila. Quando não aceitamos a morte como parte da vida, não estamos preparados para a vida. A morte é nosso maior mestre e amigo disfarçado. Só quando reconhecemos ter um tempo limitado, imprimimos a urgência necessária para descobrir o que realmente importa. Viver como se o pôr de sol de hoje fosse o último nos obriga a estar mais presentes e mais dedicados ao momento.

Acima de tudo, essas 235 entrevistas me levaram a realmente começar a aproveitar a vida, a ser uma pessoa mais amável, a não cultivar arrependimentos, a ser fiel a mim mesmo e a saber que é dando que me torno parte de alguma coisa maior.

Na emocionante conversa com Don, que levou mais de duas horas, terminei banhado em lágrimas. No início, não entendi o motivo do choro, mas depois percebi que estava na presença de uma sabedoria ancestral e que tinha sido testemunha do que significa ser humano. Ou seja, não queria que aquela experiência chegasse ao fim.

Depois disso, troquei e-mails com Don durante muitos meses. Uma vez chegamos a marcar um jantar perto de sua casa em Baltimore, mas minha viagem de negócios foi adiada. Antes que pudesse cumprir minha promessa, recebi um e-mail com uma sucinta linha no espaço Assunto: "A quem interessar possa, comunicamos o falecimento de Don Klein."

Jamais tive tamanha reação emocional ao abrir um e-mail. Durante horas recusei-me a lê-lo, acreditando de certa forma que não seria realidade até que visse as palavras. Havia tanta coisa que queria perguntar a ele, além de desfrutar novamente daquela sensação de bem-estar que a sabedoria dele emanava. Acima de tudo, queria dizer a Don que suas palavras me ajudaram a mudar e que este livro ainda mudaria a vida de outros.

Mas como ele mesmo dizia: "Nada de adiar tarefas. Se uma coisa for importante para você, faça agora." Portanto, abri o e-mail e encontrei uma carta do filho dele com a descrição das últimas semanas de vida do pai. Ele havia acabado de fazer um cruzeiro pelo Atlântico com o irmão e estava na Califórnia fazendo uma palestra sobre sua grande paixão, o amor. Ao retornar à sua cadeira, sofreu um colapso. Os esforços para reanimá-lo foram em vão. Don morreu nos braços de um dos seus melhores amigos.

Recuperei em meu escritório a gravação de sua entrevista e a escutei novamente. "Tenho um problema de coração há quase vinte anos e já tive uma parada cardíaca. A equipe de resgate me salvou. Não vi luz branca, mas senti uma paz enorme; sabia que ia acabar bem. Desde então não tenho medo da morte. Minha vida tem sido uma grande dádiva. Quando eu partir, estarei preparado." Entre lágrimas, sorri. Pensar que jamais iria falar com Don novamente me deixou arrasado, mas eu sabia que ele havia morrido em paz. Ele descobriu e viveu os cinco segredos.

Escutei mais um trecho da fita, em que ele conta como conheceu sua mulher (com quem viveu 56 anos) em um baile de faculdade, de como superou sua timidez e o quanto sua vida havia mudado por ter se arriscado um pouco. Quando lhe perguntei se ainda sentia a presença dela ele disse sim, todos os dias. "Faz seis anos que ela se foi, mas quando se é movido pelo amor ele nunca morre."

Recostei-me na cadeira, fechei os olhos e a sensação de estar na presença da sabedoria retornou. O amor dessas pessoas me tocou profundamente e elas estarão comigo pelo resto de minha vida.

APÊNDICE

O segredo da vida em poucas palavras

Ao pedir às pessoas entrevistadas que compartilhassem o segredo de suas vidas felizes e realizadas, algumas conseguiram condensar em uma frase o segredo da própria felicidade e realização. Como resumir uma vida em poucas palavras não é tarefa fácil, achei que devia apresentar os *segredos que valem a pena ser aplicados em sua vida* do ponto de vista de quem os viveu.

Existem enterros com filas de cumprimentos que acabam em dez minutos e enterros com filas que demoram até dez horas. Leve a vida de modo que quando você morrer as pessoas queiram contar histórias sobre o tipo de vida que você viveu e de que forma você as comoveu.

Ken Krambeer, barbeiro da cidade, 64 anos

Reconheça seu direito de estar neste mundo, independentemente das circunstâncias em que se encontra. Não se leve muito a sério e não se deixe aprisionar pelas ideias que têm na cabeça — elas não correspondem à realidade.

Donald Klein, psicólogo e autor, 84 anos

Não deixe as coisas se acumularem. Sempre disse aos meus alunos — 'Se vocês seguirem o seu coração, deixarem um legado e se concentrarem no que importa, está tudo bem'.

George Beer, físico e professor aposentado, 71 anos

Ame profundamente e seja amado profundamente. Seja apaixonado por você mesmo, por sua curiosidade e seus estudos e INVISTA NISSO de verdade.

William Hawfield, 64 anos

Para ter um propósito de vida você precisa esquecer o que a sociedade e as pessoas pensam a seu respeito e olhar para dentro de si mesmo com alguma disciplina (orações e meditação). Quando descobrir o que é importante para você, procurar alcançar isso.

James Autry, poeta, 73 anos

Caso esteja infeliz, ocupe-se fazendo alguma coisa para alguém. Concentrar-se demais em si mesmo não traz felicidade, mas dedicar-se a ajudar os outros lhe trará felicidade. A felicidade vem de servir e amar aos outros.

Juana Bordas, autora, 64 anos

Retire a palavra 'tédio' do seu vocabulário e onde quer que esteja aproveite ao máximo esse momento porque ele não se repetirá.

Max Wyman, 65 anos

Ajoelhe-se e beije o chão, seja grato por existir, ame a si mesmo e os que estão ao seu redor, e desfrute ao máximo a dádiva de estar vivo.

Craig Neal, 60 anos

Lembre-se que você é parte de alguma coisa maior do que você mesmo.

Antony Holland, ator, 86 anos

Descubra sua paixão na vida e lute por ela.

Lea Williams, autora e educadora, 58 anos

Descubra uma coisa que você goste de fazer e faça disso sua profissão.

Paul Hersey, autor, 76 anos

Minha mãe me dizia 'seja fiel a você mesmo'. Esse é o tipo de conselho valioso e rende enormes benefícios se você souber realmente o que é importante para você — isso exige reflexão e não se pode refletir assistindo a Os Simpsons.

Jim Scott, corretor de imóveis, 60 anos

Nosso legado é a vida que levamos. Da mesma forma que vivemos dia a dia, deixamos um legado dia a dia — nenhum plano grandioso, apenas as pequenas decisões diárias, porque não sabemos qual será o impacto de nossas ações nem quando nos tornamos alvo.

Jim Kouzes, autor, 61 anos

Se você aprender a amar as pessoas, isso o levará a todos os lugares. Enxergue sempre o bem nos outros.

John Boyd, pintor, 93 anos

Não posso dar conselhos para os outros porque, primeiro, teria de conhecê-los. Então sugiro conhecer a si mesmo para descobrir o que deseja construir na vida e manter isso à vista SEMPRE.

Elsa Neuner, 72 anos

Alimente-se de forma saudável, exercite-se e dedique-se a tornar sua comunidade mais justa e feliz.

William Gorden, professor e ativista, 77 anos

Veja sempre a bondade das pessoas e não sinta ciúmes por todos terem tanta bondade em si mesmos. Não inveje os outros, porque os seus talentos e bênçãos são diferentes dos deles.

Eileen Lindsay, 78 anos

Viva cada dia como ele se apresenta e não se preocupe com o que vai acontecer. O dia de amanhã cuidará dele mesmo — o que será, será. Aprenda a aceitar e espere o dia seguinte chegar.

Esther, 89 anos

Não insista nas coisas negativas em sua vida, pois coisas ruins acontecem o tempo todo. Mesmo nas situações desfavoráveis, se procurar o lado positivo vai encontrá-lo.

Rufus Riggs, 63 anos

Viva sua paixão e seja útil aos outros.

Laura Lowe, 61 anos

Eduque-se, descubra quem você é, de onde veio e para onde quer ir — e não se esqueça de suas origens.

Ralph Dick, 66 anos

Você precisa se conhecer, identificar seus sentimentos e entender suas emoções — o segredo do autoconhecimento. Quem se conhece profundamente está bem posicionado na vida. Se a vida for um mistério para você, então enfrentará dificuldades.

Mark Sherkow, 60

Não feche a cortina muito cedo, sempre há um bis ou um quarto ato.

Joci James, 79 anos

Escolha uma profissão que você goste e que lhe dê senso de realização. Não se deixe influenciar pela quantidade de dinheiro que vai ganhar. O dinheiro pode desaparecer rapidamente, mas o senso de realização não — ele o acompanha até na hora de dormir e o embala como um bebê.

Gordon Fuerst, 71 anos

Escute a sua voz interior. Ela lhe dirá o que é certo e o que é errado e trará felicidade e paz. Se deixar de escutá-la, pode sentir-se ansioso, insatisfeito e infeliz.

Bert Wilson, 63 anos

Lembre-se que o olhar do Senhor está em você e Sua mão em seu ombro.

Robin Brians, 67 anos

Conheça o seu eu *e tenha a coragem de segui-lo.*

Clive Martin, 65 anos

Seja amável com você mesmo e com os outros. Não há como errar dessa forma.

Mary, 87 anos

Faça a opção de ter uma vida feliz. Se quiser se concentrar no que é errado, que seja, mas sugiro que preste atenção ao lírio que abriu hoje no jardim e que você pode apreciar. O que importa é o seu foco de interesse.

Tony, 66 anos

Se você se comportar de maneira amável, as pessoas vão te amar.

Jay Jacobson, 65 anos

Quando estava treinando meus filhos, e treinei cada um deles, eu repetia isso tantas vezes que eles sabiam de cor e salteado: 'Empenhe-se no jogo, seja bom no esporte, divirta-se, entregue-se, seja honesto, seja justo e não leve a vida ou você mesmo muito a sério. Prefira ganhar a perder, mas jogar é o que importa.'

Jack Lowe, comerciante, 67 anos

Siga o seu coração e torne-se a pessoa que você deseja ser.

Bob Peart, biólogo e ativista, 59 anos

Cada pessoa tem um propósito específico e recebe todas as ferramentas que precisa para chegar lá.

Tom McCallum, o Búfalo Branco, 60 anos

Tenha a disciplina de escutar seu coração e depois coragem suficiente para segui-lo.

Ron Polack, 72 anos

Tenha a vida mais divertida, alegre e prazerosa que puder — desde que não faça mal aos outros.

Lee Pulos, psicóloga, 78 anos

Seja fiel a si mesmo, crie uma visão do futuro que seja verdadeira para você e que faça diferença para o mundo. Reverencie cada momento de sua vida.

Joel Barker, autor e futurólogo, 62 anos

Seja tão curioso e respeitoso com os outros quanto puder. Seja criativo na maneira de trazer mais empolgação às suas interações — esteja disponível.

Susan Samuels-Drake, 68 anos

Encontre seu caminho e seja fiel a ele.

William Bridges, autor, 73 anos

Pague suas contas, mas não faça do dinheiro a sua meta. Escolha um trabalho de que goste, pois vai passar muito tempo fazendo isso.

May, 72 anos

Mantenha-se ocupado, jamais entediado, e procure ter sempre cinco coisas a mais para fazer.

Lucy, enfermeira, 101 anos

Desfrute cada dia de sua vida, faça amigos e não discuta.

Alice Reid, 97 anos

Aprenda tudo que puder, ouça os melhores conselheiros que conseguir e peça a Deus que guie seus passos.

Padre John Edward Brown, 89 anos

Quando estava na escola e disse ao meu professor de carpintaria que o que estava fazendo era 'bom o bastante', ele respondeu que somente o que é perfeito é bom o bastante e o que é bom o bastante não é perfeito.

Frank, 82 anos

Seja honesto com você mesmo, faça o que considera adequado, tenha autoconfiança e faça o que alegra o seu coração.

Carolyn Mann, 67 anos

Mergulhe de cabeça, arregace as mangas e vá fundo. Tenha a ousadia de viver, de amar e de se conectar.

Ann Britt, 67 anos

Ame o que você faz e faça o que você ama.

Darlene Burcham, 62 anos

Siga a regra de ouro: trate cada pessoa da maneira que você deseja ser tratado.

Wayne Huffman, 68 anos

Acredite em você mesmo, todos nós temos dons maravilhosos.

Jacqueline Gould, 60 anos

Procure aprender com o passado, aproveite o presente e abra caminho para um futuro melhor.

Mary Ruth Snyder, 79 anos

Seja forte, gentil e carinhosa com o seu companheiro.

Elizabeth, 85 anos

Ame a si mesma e o resto virá naturalmente.

Jeannie Runnalls, 57 anos

Não se deixe guiar pelo medo.

Felisa Cheng, 65 anos

Esforce-se o máximo em seu trabalho e lute para fazer o melhor. Estabeleça metas altas, pois se deixá-las muito baixas, ficará abaixo delas.

Muriel Douglas, 72 anos

Sempre que puder faça o bem a todos que encontrar — nunca o mal.

Bansi Gandhi, 63 anos

Tenha profundo respeito por você e pelos outros. Não faça mal a ninguém e aceite as pessoas como elas são.

Juliana Kratz, 76 anos

Mantenha a visão do seu ideal e concentre-se nele. Confie em si mesmo e persiga sua meta — você vai chegar lá. Talvez não saiba como, mas vai conseguir.

Dyane Lynch, 63 anos

Não se preocupe com coisas pequenas.

John Smith, 82 anos

PRÓLOGO

Entreviste os sábios anciãos que você conhece

De certa forma, a jornada que percorri para escrever este livro representou uma busca pessoal. Alguns dos mentores mais importantes da minha vida morreram antes que eu conseguisse conversar com eles sobre suas experiências de vida e o que haviam aprendido. Não tive a chance de fazer as perguntas que fiz às pessoas que entrevistei para este livro.

Muitas pessoas com quem conversei foram recomendadas por alguém de seu círculo íntimo, quase sempre um filho ou uma filha que acha que o pai ou a mãe têm algo importante a dizer sobre o sentido da vida. Um dos momentos mais comoventes do projeto foi quando estávamos combinando um encontro com um dos 235 selecionados e ele faleceu. Minha equipe sentiu profunda tristeza por não ter conseguido entrevistá-lo a tempo. Sua sabedoria não pôde ser compartilhada, pelo menos não neste livro.

Isso nos fez perceber que muitos de nossos leitores certamente conhecem pessoas felizes e realizadas, que encontraram o sentido da vida, e queiram captar sua sabedoria para compartilhar com os familiares, ou simplesmente para seu enriquecimento pessoal. Assim, decidimos dividir com você, leitor, as perguntas feitas aos nossos entrevistados, na esperança de que isso venha a ser o início de uma conversa maior e que cada um busque enriquecer a própria vida a partir das lições de vida dos outros.

Como mencionei na Introdução, foi irresistível a tentação de me imaginar na idade da pessoa que estava entrevistando e pensar em qual seria a minha resposta. Por isso, espero que, além de usar este questionário para entrevistar outras pessoas, você possa também dirigi-las a si mesmo.

Perguntas:

1. Imagine que está num jantar e que o anfitrião convida cada convidado a descrever de forma sucinta a própria vida. Se você tivesse poucos minutos para contar às pessoas o máximo possível sobre sua vida, o que diria?

2. O que lhe proporcionou a maior consciência a respeito do sentido e do propósito da vida? Por que é importante estar vivo?

3. Qual o momento que lhe trouxe (traz) mais felicidade e alegria na vida?

4. Fale-me dos momentos decisivos de sua vida, aqueles em que a escolha dessa ou daquela direção faria grande diferença para o seu futuro.

5. Qual o melhor conselho que você já recebeu de alguém? Você o seguiu? Como o aplicou em seu dia a dia?

6. O que gostaria de ter aprendido mais cedo? Se pudesse voltar à sua juventude e conversar com você jovem, o que diria a você mesmo sobre a vida?

7. Qual o papel da espiritualidade e da religião em sua vida? A que conclusão chegou sobre "Deus"?

8. O que as pessoas mais temem no final da vida?

9. Agora que está mais velho, como se sente em relação à morte? Não à morte no sentido abstrato, mas à sua própria morte? Você tem medo de morrer?

10. Complete esta frase: "Desejava ter . . ."

11. Agora que está na etapa final da vida, o que considera fundamental para quem deseja encontrar a felicidade e viver de forma plena e realizada?

12. Agora que você viveu a maior parte de sua vida, o que não é importante para ter uma vida feliz? A que desejaria ter dado menos atenção?

13. Se tivesse que dar um conselho aos mais jovens sobre a maneira de encontrar uma vida feliz e significativa, qual seria ele?

Agradecimentos

Quero agradecer a várias pessoas pela ajuda na pesquisa para realização deste livro.

Este livro se baseia em uma série de televisão que realizei para o *Biography Channel*. Se não fosse essa série de TV, talvez esse projeto jamais tivesse se realizado. Leslie Sole, da Televisão Rogers, foi a primeira pessoa a acreditar na sabedoria da minha mensagem. Agradeço a toda a equipe da *Rogers/Biography*, inclusive Tom, Stan e Teo, que trabalharam longas horas para criar este programa do qual estou profundamente orgulhoso.

Agradeço a Steve Piersanti, da Berrett-Koeller, por confiar em meu dom como escritor, bem como na mensagem que este livro lança ao mundo. Steve personifica muitos dos princípios apresentados neste livro.

Muito obrigado a Ann Matranga, cuja revisão inestimável melhorou o original, e também a minhas companheiras de pesquisa, Leslie Knight e Olívia McIvor. Um agradecimento especial a Olívia, que realmente acreditou no valor daquelas vozes e encorajou-me a prosseguir.

À minha competente e talentosa assistente Elke, por ter mantido o projeto em andamento. O seu incentivo e sua fé neste trabalho foram sempre de grande valor (sem mencionar as milhares de formas pelas quais colaborou e impulsionou este trabalho a cada dia).

Especiais agradecimentos a alguns bons amigos que apoiaram este projeto: Brad Harper, Josh Blair e Jeff VanderWeilen. Meus agradecimentos a Max Wyman, que se tornou um mentor para mim, razão pela qual lhe sou imensamente grato. Ao meu amigo Jeremy Ball, por ter dito que eu havia me preparado toda a vida para escrever este livro. Somos espíritos afins, no tempo e na distância.

Agradeço a meu avô Henry Turpel cuja vida sempre me inspirou respeito e confiança, e que morreu antes que eu pudesse desfrutar inteiramente de sua sabedoria. Parecia-me ouvir sua voz nos relatos de vida dessas pessoas especiais.

Agradeço mais uma vez às 235 pessoas que se dispuseram a compartilhar suas histórias de vida. Desejaria tê-las incluído totalmente neste livro. Muitas se tornaram amigas e, como me avisaram, a amizade importa mais do que qualquer outra coisa. Àqueles que não foi possível citar diretamente, saibam que sua sabedoria integrou a mensagem deste livro.

Por fim, agradeço o amor sincero de minha parceira no trabalho e na vida, Leslie Nolin-Izzo. Como sempre, você me desafiou a fazer as coisas bem feitas. Suas observações sobre o livro e sobre a minha vida sempre foram positivas. Você sempre fez o meu coração cantar e continua a fazer.

Este livro foi composto em Minion 10,5/15
e impresso pela Ediouro Gráfica sobre
papel Pólen Bold 90g para a Agir em julho de 2009.